人力资源
与
行政管理

刘锐————著

苏州新闻出版集团

古吴轩出版社

图书在版编目（CIP）数据

人力资源与行政管理 / 刘锐著. -- 苏州 ：古吴轩
出版社, 2025. 6. -- ISBN 978-7-5546-2632-0

Ⅰ. F243；D035

中国国家版本馆CIP数据核字第2025D29F05号

责任编辑： 顾　熙
见习编辑： 张　君
策　　划： 汲鑫欣
装帧设计： 尧丽设计

书　　名： 人力资源与行政管理
著　　者： 刘　锐
出版发行： 苏州新闻出版集团
　　　　　　古吴轩出版社

地址：苏州市八达街118号苏州新闻大厦30F
电话：0512-65233679　　　邮编：215123

出 版 人： 王乐飞
印　　刷： 大厂回族自治县彩虹印刷有限公司
开　　本： 670mm×950mm　1/16
印　　张： 12
字　　数： 167千字
版　　次： 2025年6月第1版
印　　次： 2025年6月第1次印刷
书　　号： ISBN 978-7-5546-2632-0
定　　价： 56.00元

如有印装质量问题，请与印刷厂联系。0316-8863998

人力资源与行政管理是公司发展的两大支柱，它们相辅相成，共同推动公司向前发展。人力资源管理关注人才的引进、培养、绩效评估和激励等方面，而行政管理则专注于日常运营、办公环境管理及会议组织等事务。尽管二者的职责不同，但它们的核心目标是一致的——为公司创造价值，提升公司的效率和竞争力。

在竞争激烈的市场环境中，公司必须不断提升管理水平和运营效率，以保持竞争优势。人力资源管理与行政管理二者有效融合，能助力公司实现这一目标。人力资源管理通过提供优秀人才支持公司发展；行政管理则确保高效运营，保障公司顺畅运作。

本书作者是我的学生，在人力资源管理和行政管理领域拥有深厚的理论基础和丰富的实践经验。她在书中分享了多年的工作经验和心得体会，包括许多实操案例，旨在帮助读者更好地理解和运用相关知识与技能。

此外，作者展现出了强烈的创新意识和卓越的实践能力。她在书中提出了诸多新颖的观点和方法，如"人力资源管理的战略思维"和"行政管理的服务意识"，这些对于提升公司的管理水平和运营效率具有重要的指导作用。

　　我要特别感谢作者邀请我为这本书作序。作为她的导师，我非常荣幸能够见证她的成长和进步。我相信，凭借她的不懈努力，她将在人力资源管理和行政管理领域取得更加卓越的成就，为公司的发展和社会的进步做出更大的贡献。

　　对于广大读者而言，阅读这本书将会带来诸多益处。无论是人力资源从业者还是行政管理人员，通过阅读本书，既能提升专业技能，掌握新的管理理念和方法，还能从书中的实践案例中获得解决实际问题的思路和借鉴，在面对各种复杂的管理问题时更加从容。

　　希望本书能够为读者提供有益的参考和指导，帮助读者更好地理解和应用人力资源管理和行政管理的知识和技能，为公司的发展和成功做出更大的贡献。祝愿每一位读者在阅读中收获满满，在实践中不断成长。

中国人民大学公共管理学院原副院长　张成福

目录

第一章　用人力资源管理方式开展
行政管理工作

一家公司不可能什么岗位都有，但是一定有创始人，有类似行政总裁或者行政总经理这样的角色，这个角色其实就是行政管理的最高职位。一家公司可以没有销售，但是一定会有行政管理人员。

公司在成立之初，首先要做的是工商注册、核名等工作，这些工作基本是由行政管理岗位的人员完成的，可见行政管理是各项管理工作的基础。在一些公司中，如果没有单独设置人力资源部门，那么人力资源的职能在一般情况下会落在行政管理部或者是综合办公室。

总体来说，行政管理部门相当于一个大管家，大到公司战略目标的制定，小到办公用品的发放，事无巨细都要承担或参与其中。就连招聘新人，人员应聘时首先接触到的是行政前台或行政接待岗位的人员，公司形象的展示基本由行政管理部门负责。

近几年，实行移动办公的公司越来越多，行政管理的难度加大，在员工不在公司集中办公的情况下，如何改进行政管理工作以更好地对各个部门形成支持显得尤为重要。可以说，行政管理工作是公司事务的重中之重，而且是公司的根基所在。

1.1 为什么要用人力资源管理方式来开展行政管理工作

本节开篇先举一个管理案例，描述并说明什么是人力资源管理方式。

2004年，我到一家国际贸易公司任职。上班的第一天，董事长对我说："我请你来，主要是想让你做到一件事，就是即便业务员离职了，公司的业绩也不受影响。"

一个贸易公司要做到"即便业务员离职了，公司的业绩也不受影响"，这怎么可能呢？

这家贸易公司主要从事的是轮胎贸易，是几个国际、国内知名品牌的华北总代理，业务主要以批发轮胎为主，2004年1月至10月的销售收入近一亿元，大部分订单源自业务员跑业务。业务员走访所管辖区域的客户，把公司代理的几个品牌的大胎和小胎推荐给从事汽车维修的相关的门店或货运、客运公司。客户如果有需求，就和业务员联系订货，业务员和公司开单员核实是否有货，有货就由开单员开单，并经过主管领导审核后给车队长，由车队长安排司机到仓库装车、送货。如果客户需要的货量少，则由业务员直接回公司取货，在这种情况下，有些客户可能直接付现金，有些客户可能打欠条。（当时智能手机未普及，也没有通过二维码收款这种方式。）

于是，我开始观察公司各个部门的工作方式，了解不同岗位的工作方式和工作内容。两天后，我开始和业务员一起走访客户，每天和一个业务员走访他所负责的业务区域。半个月下来，北京的各个区县、各个汽配城我都转了一圈。我观察业务员是如何和客户沟通的，沟通内容有哪些，业务员走访一天客户，都做了哪些事情。在和业务员回公司的路上，我向业务员了解同行竞品的业务是怎么开展的，他们的业绩如何，等等。

我在了解了公司的核心业务流程后，就知道老板心中的顾虑了。

当时，公司为每个业务员配一辆小汽车，业务员早上八点开着车出去，晚上六点左右回到公司，按时打卡上、下班，如果回来晚了，车队已经下班，就把车钥匙交给前台代管。

业务员一天中去没去拜访客户，拜访了哪几家客户，做了什么，谁都不清楚。而且，业务员还负责收款。客户给的是支票、现金还是打的欠条，或是收的现金有没有在当天上交公司，也是谁都不清楚。更不可思议的是，客户的联系方式、地址等相关信息只有业务员最清楚。业务员一旦离职，公司想和客户取得联系很有难度。我记得当时同行业有家公司的业务员收了现金没有上交公司，伪造了欠条交给公司，公司年底催收货款时才发现客户早就把货款给了业务员。

我当时任职的这家公司代理多个品牌，业务员按区域负责相关品牌产品的销售。当时，乘用车每年增速非常快，再加上汽车后市场（指汽车销售后，围绕汽车使用过程中的各种服务，涵盖了消费者买车后所需要的一切服务）稳定增长，业务员更侧重于小胎业务的开拓，因为小胎业务的订单就足以让业务员完成每月的业绩指标。

基于上述我了解到的实际情况，我给出了以下解决方案。

解决方案

（1）建立客户管理系统。首先做了客户管理档案，让业务员填写客户档案；然后做了客户界定和业绩核算管理规定，也就是：每个业务员填写在客户档案中的客户，都归填写档案的该业务员负责，该客户今后所有的拿货量和拿货金额，都与填写该客户档案的业务员的绩效挂钩。

（2）实施财务风险管控，对客户回款进行严格管理，对客户进行分类、分级管理。根据客户以往的购货频次、购货金额、结款情况，以及该客户与公司的工作人员的配合度等，对这些项目分别设置权重，由业务员、送货司机、电话接听文员和财务人员等分别对客户进行评价，将评价结果汇总、分析后，将客户分为五类：A类、B类、C类、D类、E类。A类客户为优质客户，购货频次高，购货量大，结账期短；B类客户为潜力客户，公司进行重点扶持；等等。公司根据客户的类别对客户进行不同程度的授信。

（3）重新梳理组织架构。成立客户服务部，并根据产品线将业务部拆分，分为大胎事业部和小胎事业部，并将行业大客户划归市场部管理。调整岗位，重新撰写岗位说明书。

（4）完善公司核心业务流程，制定新部门业务流程。在对客户进行分析时，当时业绩最好的区域，有效客户居然不足四十家，而且大部分客户集中在某汽配城及其附近，也就是说，一个业务员一天走访两家客户，一个月不到就可以走访完所有客户。于是，公司对业务员走访客户的频次做出要求，业务人员在走访现场要做增值服务，比如给一线技术人员赠送品牌礼物，替客户码放轮胎，把轮胎的标识统一朝外，发现同一型号、花纹的轮胎数量不足五个时，对客户给出补货建议。一个业务员配一个客服，两人共同服务客户，客户要货时可以第一时间和客服联系，确定是否有货并直接向客服下订单，避免二次传递信息出现失误。

（5）制定新员工工作标准、考核方案。比如：新员工一天内需要学会哪些内容，三天内需要会做哪些工作，七天后需要独立完成哪些事项，等等。

（6）启用用友管理软件。实时更新库存，备注客户需求，制作软件使用白皮书，让新人快速上手，提升工作效率。

（7）修订薪酬绩效考核制度。增加职能人员与公司业绩之间的绩效关联度，实现了"只要公司业绩好，大家的绩效工资就会高"这样的关联。

（8）针对关键核心岗位制定《工作标准流程手册》。每天什么时间做什么事，每周的第几天做哪些事情，每月做什么，每季度、每年的什么时间要做什么，手册中都做出了明确规定。

解决方案实施结果

上述方案经过实操运用后，叠加销售政策，在公司人数不增加的情况下，2005年底，公司的业绩与2004年的相比增长了两倍。

公司开展全员培训，培训实施后，和2004年比，2007年公司的员工数量增加一倍，业绩增长了六倍。

并且，我在该公司实施的"1+1>2"这一客户服务理念，在2006年被法国米其林公司要求作为经典案例，以中、英、法三国语言在年度经销商大会上进行分享。

本案例的工作步骤总结

（1）调研访谈、实地考察走访，对标杆竞品进行调研、考察。

（2）结合公司战略、业务流程，梳理组织架构，调整部门设置，重新定岗定编。

（3）完善工作流程，增加管理工具。

（4）开展员工培训，完善薪酬绩效考核体系。

（5）降低招聘门槛，增加新鲜血液；建立员工晋升通道；制定工作标准，形成工作标准流程手册。

看了这个案例，相信大家对以人力资源管理的方式开展行政管理工作有了比较直观的了解。

人力资源管理主要包括人力资源规划、招聘、培训、薪酬、绩效、员工晋升和任职体系建设等方面。有些人力资源专业人员只懂技术不了解业务，就会导致工作结果和业务导向不一致。

人力资源管理者如果能从业务角度出发考虑问题，利用人力资源管理工具协助业务部门梳理工作流程，调整业务部门内部的岗位设置，优化薪酬绩效管理体系和晋升通道，业务部门的人效就会大大提升。

1.2 如何更系统地开展行政管理工作

行政管理者如果了解人力资源管理的方法，从公司战略高度来考虑行政管理部门的管理，就可以更系统地解决部门难题，避免头痛医头，脚痛医脚。

好的行政管理人员一定不能停留在管理表象上，而是要使用人力资源管理的思路，制订行政管理部部门规划，设计行政管理岗位的晋升通道，通过薪酬绩效管理，让部门内所有员工接受培训，制订个人发展计划，提升个人能力，达成个人绩效目标，促成部门绩效目标达成，真正实现绩优薪优。

以下八个步骤就是人力资源管理方式在行政管理工作中的运用，可以使行政管理工作更好地开展。

第一步，结合公司战略发展，制定部门职能说明书；

第二步，梳理行政管理部门的组织架构，定岗定编（将在本书第三章详细讲解）；

第三步，梳理部门核心业务流程，修订岗位说明书（将在本书第三章详细讲解）；

第四步，通过结构化面试筛选出适合的行政管理人才（将在本书第四章详细讲解）；

第五步，制定行政管理序列的薪酬管理体系（将在本书第五章详细讲解）；

第六步，结合公司战略、行政管理的核心职能和短板，制定行政管理岗的绩效考核管理体系（将在本书第六章详细讲解）；

第七步，制定行政管理序列的任职资格体系（将在本书第七章详细讲解）；

第八步，制定行政管理部门核心业务流程和行政管理相关岗位的标准工作说明书（将在本书第八章详细讲解）。

用人力资源管理方式开展行政管理人才的选、用、育、留，开展招聘、培训工作，再结合行政管理序列的任职资格体系和行政管理的标准工作流程进行操作指引，然后为行政管理序列的岗位设计出明确的晋升通道，就能够吸引适合的行政管理人才，并能留住人才，最终达成部门和公司的战略目标。

1.3 ▶ 行政管理工作中的常见问题、解决方案和工作步骤

1.3.1　行政管理工作中的常见问题

1. 执行力有偏差

内部控制体系不完善，监督检查职能不完整，公司各项政策和决策执行不到位。

2. 行政管理相关岗位的薪酬激励不到位

付薪理念不明确，薪酬定位不明确，薪酬激励效果不明显。

3. 行政管理人员发展、晋升通道不通畅

员工晋升机制欠缺，员工上升通道不通畅；员工职业生涯规划缺失；员工培训不到位，现有培训缺乏系统性，效果不佳；员工职业生涯规划的基础工作——职位、薪酬等问题没有理顺。

4. 内部分配公平性不足

薪酬缺乏动态管理，不能体现业绩贡献，不利于调动员工的工作积极性；薪酬定级没有较为客观的依据；没有明确的薪酬调整机制（职位变动调薪、业绩调薪、薪酬增长机制等）。

5. 管理透明度不够

业绩管理制度不公开、不透明；员工不知道薪酬标准是什么，也不知道或不认可考核自己的绩效指标。

6. 绩效考核标准不完善

只有部分岗位有清晰的绩效考核标准，缺乏比较科学合理的全员绩效考核标准；激励体系不完善，没有将绩效管理结果与薪酬、晋升、培训、人岗匹配等进行充分结合与应用。

7. 组织运营不畅

公司战略仅停留在公司管理层这一层面，战略与组织脱节，没有将战略自上而下地向部门和员工进行分解，很难保证在执行中上下协调一致以真正实现公司的战略目标。或者是组织结构、运营流程不足以支撑战略目标的实现，需要进一步优化改善。

8. 权责体系不清晰

部门职责和权限界定不清晰；缺乏规范而完善的书面的岗位说明，员工不清楚相关岗位的职责和要求；缺乏明确的岗位职责；招聘时没有明确的标准。

9. 中高层管理能力有待提升

中高层的管理水平和专业技能无法满足公司的快速发展需求。尤其是公司需要快速发展时，核心人才的储备和能力与公司的进一步发展不匹配。

行政管理部门是一个不仅不产生利润，还不断花钱的部门。行政管理部门的相关工作内容就是上传下达，主要是做一些行政、后勤之类的工作，从部门的核心职能来看，做得不好就变成后勤支持部门，做得好就是战略指导部门，是部门与部门之间协作的枢纽。

但是，行政管理部门的工作事项繁杂、琐碎，考核点分散，有些工作事项很难用数据指标进行考核。很多公司考核行政管理岗时会出现这样的情况：干活最多、最能干的员工出错的机会比不干活的员工多得多，如果按照出错次数扣分，就会出现员工干得越多，错得越多的情况，于是就可能出现没人愿意承担更多工作的情况。

此外，随着公司业务规模不断壮大，行政管理部门的工作量增加，引入新员工时可能会使一些人产生不公平的感觉。比如，招新员工时，如果工资太低，就招不到人；如果工资高，新员工入职后，老员工就会觉得：同样都是做行政管理工作，我对工作更熟悉，凭什么新员工一来工资就比我的高……

针对上述各类在行政管理工作中出现的情况，必须制定有效的解决方案。

1.3.2　行政管理工作中常见问题的解决方案

要想解决前述的各种问题，有效开展行政管理工作，就要建立完善的薪酬绩效管理体系，有效地激励重点员工，把有限的资源用在刀刃上，确定责、权、利三位一体的管理体系，完善任职资格素质模型，做好员工的职业生涯规划，对现有员工进行人岗匹配，并有针对性地提升员工的能力。具体解决方案如下。

1. 对行政管理组织中的职位进行分析，定岗定编

· 根据公司的战略目标、职能结构、业务单元及部门设置，充分衡量各种职位设计的合理性、必要性，加以设计并最终确认。

· 进行职位澄清工作，完成基准职位和非基准职位的职位说明书的撰写工作。

· 收集、整理、分析各职位信息，梳理组织结构中的职位设置、权责体系、流程设计与运作中的问题，并提出相应的解决方案。

· 根据职位工作分析报告，对现有部门和岗位职责说明书进行优化，以实现定岗定编。

2. 设计薪酬体系

· 明确薪酬战略（薪酬水平定位、薪酬构成、薪酬结构等）。

· 对外部市场进行比较分析，建立薪酬方案的外部竞争性基础。

· 通过职位等级矩阵与外部薪酬数据的结合，根据不同类别职位的特征，有针对性地设计薪酬激励方案。

· 结合业绩考评，完整搭建薪酬体系（并设定固定与浮动比例）。

3. 设计绩效体系

· 根据公司的战略发展目标和经营计划，建立公司级的关键成功因素和关键业绩指标，为行政管理部门签订业绩合同提供依据。

· 对公司级的关键成功因素和关键业绩指标进行分解，根据部门职责分工，明确行政管理部门的关键业绩指标，为部门负责人签订业绩合同提供依据。

· 确定行政管理部门内的相关绩效指标和绩效合同。

· 明确行政管理部门的绩效管理流程、角色责任、周期、工具等因素，形成行政管理部门的绩效管理制度。

1.3.3 解决行政管理中常见问题的工作步骤

1.调研诊断

调研内容主要分为以下几大方面：公司发展战略与计划、组织运营及制度流程、组织架构、岗位职责、人力资源管理和企业文化。

相关从业人员要想快速了解公司或者想尽快进入工作状态，对公司的现状进行调研，从而进行诊断，可以先从公司内部资料入手，主要是战略与计划类、组织运营与制度流程类、人力资源管理类等，部分示例见表1-1。

表1-1 调研诊断的基础资料部分示例

类别	资料名称（不完全列举）
战略与计划类	公司简介、项目介绍
	公司资质、评级、荣誉、证书等相关文件
	公司的企业文化（使命、愿景、核心价值观、核心竞争力、公司精神等）
组织运营与制度流程类	公司的组织架构图、公司管理制度
	部门组织架构图、岗位说明书
人力资源管理类	公司人力资源与行政管理制度（考勤、报销、车辆、会议、档案、印章、人事管理等）
	公司日常管理制度
其他	员工数量统计、员工花名册（年龄、部门、学历、职称等）
……	……

有针对性地设计访谈提纲并进行访谈，在深度访谈的基础上开展广泛的问卷调查，然后收集、整理、分析问卷。有关人员要对统计结果进行科学的分析，分析内容包括战略、组织、运营、人力资源、企业文化等，涉及组织、员工的层级越多越好。通过调研会发现，公司在不同发展阶段，管理方面会存在不同的问题。

2. 梳理组织结构

梳理组织结构的主要思路如图1-1所示。

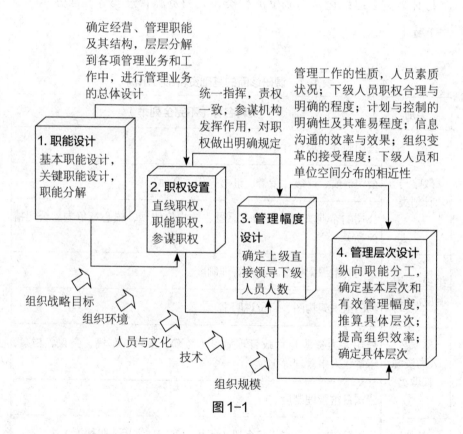

图1-1

3. 界定部门职能

在组织结构清晰的基础上，梳理和优化业务流程，确定部门职责，流程如图1-2所示。

诊断组织结构	优化业务流程	确定部门职责
根据公司战略和业务特点，对公司的组织结构和组织管理进行诊断	确定业务管理模式，以价值链为出发点，逐级分解业务流程或工作流程	根据业务或工作流程，确定部门职责，设计管理幅度、管理层次及其责任、权力等

图1-2

根据对部门职责梳理的结果，结合组织使命、中长期目标，同时结合管理流程进行分析，并与国内外标杆公司进行对比，结合管理的现状，完成各部门职能的界定。

4. 职位分析、岗位设计及职能界定

在部门职责清晰的基础上，梳理现有岗位，并进行职位分析，界定职能，优化岗位。

分析、梳理现有岗位，通过部门的职能分解与管理流程效率分析，对岗位进行梳理，要达到如下目标：

（1）坚持战略导向、效率原则，对各部门按照满负荷工作的标准来确定岗位、核定人员；

（2）坚持精简、效能统一的原则，对不合理的流程环节该减的减，该并的并，通过有效调整，确定合理的岗位，明确职责，使员工定位清晰，发展方向明确，人尽其职，避免内耗和扯皮，提高工作效率和效能。

第二章　行政管理部门的定位、核心职能和价值

行政管理部门在公司中扮演着至关重要的角色，其定位可以概括为以下几点。

1. 战略合作伙伴

行政管理部门是公司内各部门的战略合作伙伴，协助各部门解决人力资源、财务和物资等方面的问题，帮助各部门更好地完成业务目标，旨在支持其他部门实现公司的战略目标。行政管理部门通过与其他各部门紧密合作，能够确保公司整体战略得到有效实施。

2. 管理能力提升的组织者和推动者

行政管理部门负责提升公司的管理能力。它首先需要完善公司的流程制度，并协助其他部门完善各部门内部的相关流程，以提高组织效能。通过优化管理流程，行政管理部门能够为公司创造一个高效、有序的工作环境。

3. 组织能力建设者

根据公司战略发展需求，行政管理部门需要制定近期和远期的组织架

构，以提升公司的组织能力。这包括确保组织能力能够支撑公司实现战略目标，以及为公司的未来发展奠定坚实基础。

4.企业文化建设者

行政管理部门在企业文化建设方面发挥着关键作用，负责提炼、建设和发展战略性的企业文化，通过公司的使命、愿景和核心价值观来吸引和留住人才。此外，行政管理部门还要利用企业文化来引导员工，统一员工的思想，提高员工的执行力。

总之，行政管理部门扮演着多重角色，既要支持其他部门实现业务目标，又要推动公司提升管理能力，同时还要关注组织能力和企业文化建设。这些职责使得行政管理部门成为公司运营和发展的关键驱动力。

2.2 行政管理的核心职能

很多公司的行政管理职能基本统管人、财、物，一级职能分为行政管理、人力资源管理、财务管理。随着工作量的增加，工作职能拆分，人力资源管理职能独立后变成人力资源部，财务管理职能独立后变成财务部。

常见的行政管理的二级职能主要有哪些？主要有战略管理、目标管理、制度流程管理、运营管理、资料档案管理、信息化管理、网络管理、公共关系管理、会务管理、后勤管理、车辆管理、安全管理、资产设备管理、法律事务管理、办公用品管理、日常管理等。

随着公司规模的壮大，当行政管理岗位人数增加或者公司特别重视某项职能时，就可能出现类似的情况：

战略管理职能独立出来，成立战略部；信息化管理职能独立出来，成立信息部；法律事务管理职能独立出来，成立法务部；后勤管理职能独立出来，成立后勤部；车辆管理职能独立出来，成立车辆管理部；运营管理职能独立出来，成立运营管理部；安全管理职能独立出来，成立安全管理部；公共关系管理职能独立出来，成立公关部；资料档案管理职能独立出来，成立档案室；网络管理职能独立出来，成立网络部……也就是说，职能拆分后形成一个个独立的部门。

下面是××上市公司集团总部的综合管理部职能汇总表（见表2-1），读者可以参考下表，制定自己所在部门的部门职能汇总表。要结合公司的战略需要，将一级职能进一步分解，就能厘清部门的二级职能。

表2-1　××上市公司集团总部的综合管理部职能汇总表

一级职能	二级职能
人力资源管理	人力资源规划
	组织管理
	招聘与人员配置
	薪酬管理
	绩效管理
	任职资格与技能评定
	人才培养与开发（人才梯队、接班人培养计划）
	干部管理
	员工关系管理
	人力资源信息化
行政管理	公文档案
	行政文秘
	公共关系宣传
	后勤管理
	综合治理

一级职能	二级职能
信息化管理	网络安全和硬件管理
	信息化体系管理
法律事务管理	法律风险防范
	法务支持

在这家上市公司，战略管理是指导旗下三十多家分公司发展的核心职能，集团总部专门设立了战略发展部；目标管理、制度流程管理和运营管理这些职能归属于集团总部的运营管理部。由此可以看出，职能的重要性受到充分重视，为了能让其更好地发挥作用，更多公司采用的是设置专门的部门。

2.3　通过会务管理看行政管理的核心价值

会议是每个公司都常进行的日常工作，本小节将通过真实案例进行会务管理讲解，呈现行政管理的核心价值。站在人力资源的角度来看，行政管理中的会务管理应该是什么样的？本节以我之前为一家生产制造型公司做管理辅导时遇到的一个会务管理实例为案例进行阐述。

我之前在一家生产制造型公司做薪酬激励项目，调研刚开展，在我对公司的总经理进行了半天的访谈后，总经理觉得很有必要给公司的管理层做个"关于提升管理水平"的宣讲，就叫来了秘书。

总经理说："李秘书，你去通知各部门的负责人，下午2:00开个会，顾问给我们讲一下公司怎样做到规范化管理，提升管理水平。"

秘书听完后起身去通知开会。

总经理陪我吃过午饭后返回会议室时，已经是下午1:50，而此时实际到场的部门负责人只有三四位。总经理觉得面子挂不住了——上午还在对我讲公司团队的执行力如何强，现在却发现能够按时来开会的只有几个人。总经理劈头盖脸地把现场的人员训斥了一顿："通知开会，怎么就来了这么几个人？"紧接着，他叫来秘书，问道："你是怎么通知的？"秘书说："我在黑板上写了个通知。"

黑板挂在公司餐厅的门口，员工去吃饭路过时就会看一眼，所以秘书认为这样就算通知到了。那时不像现在这样，只需建个聊天群，在群里通知开会，参会人员回复"收到"就算通知到位了。

案例中存在的问题是：关于此次会议，秘书只在黑板上写了会议的时间和地点，没有说明会议的主题、参会人、会议主持者、记录者等细节。马上要开会了，会议由谁牵头组织？需要谁参加会议？参会的目的是什么？通过开会想要得到什么样的结果？到会人员需要提前做哪些准备工作？这些都需要讲清楚，不然，会议效果可想而知。

关于如何做好会议通知，锡恩企业管理顾问有限公司（以下简称锡恩公司）创始人姜汝祥博士专门写过有关"九段秘书"会议通知的说明。

姜汝祥博士在说明中将秘书分为九个段位。这样不管是否从事过秘书工作的人，直接参照"九段秘书"的最高标准规范执行就好。按照标准流程组织三四次会议之后，普通人很快可以成为"九段秘书"中的高段位秘书，省去了不断试错和不断总结的过程。

最高段位的秘书组织会议时需要注重哪些关键点？

（1）对会议进行分级。比如，一年中大概有哪些类型的会议，不同类型的会议分别需要什么样的人参与，等等。

（2）会议通知要详细、具体。不管开任何会议，都要先确认会议的主题和内容，还要确认会议的时间、地点、参会人员以及需要配合的相关人员等，并要确认参会人员需要提前做哪些准备，会议由谁主持，会议开始前需要准备哪些资料，谁做会议记录，等等。

（3）在会议召开前，须至少提前半天再次与相关参会人员进行确认。确认其是否已准备好相关资料。最好把所有参会人员准备的资料提前汇总、整理，标注重点后，提交给会议的主管领导或者会议的主办方。这样做，可以使领导一目了然地发现亮点或问题，随之进一步确定会议中的重点讨论内容，还可以让召集会议者或会议的主办方清楚地了解各方面的情况或进度等，会议的效率会更高。

（4）会议召开前三十分钟提醒参会人员准时参会。这样做，会让会议更加高效。

（5）开会之前十五分钟，行政人员应按照会务清单按顺序逐项检查会议场地、音响、将要播放的 PPT 文档、投影仪、白板、白纸、讨论用的相关纸件以及茶点等的落实情况。

行政管理人员平时要总结出会议的流程，并不断完善，就可以形成标准会议工作手册。这种理念和做法值得我们学习。

我曾经遇到过这样的场景：有些参会人员虽然按时参会，却事先不知道会议主题，根本没提前做准备。和这样的人一起开会，对于事先已经看过资料、了解会议主题的人来说简直就是浪费时间。因此，会议的提前准备工作做得是否到位是会议成功与否的关键。以下是一个影视作品中的片段。

A 女士要开一家饭店，其男友为其引荐了一家投资公司，投资公司只给她三十分钟在股东大会上做项目说明。

A 女士准备了项目融资说明、后期运营以及预算等各方面的资料，准备在股东大会上做项目说明。在她进入会议室前，遇到一位坐在轮椅上的老者，得知老者也是参会人员，A女士推着轮椅直接把老者送到了他应该坐的位置上。A女士紧接着做了一个小动作——把老者旁边的一位董事的茶杯换到了左手边——会场上所有茶杯都放在参会者的右手边，A女士唯独把那个茶杯放到了参会者的左手边。

到了A女士讲解饭店项目书的环节，董事长说："你不用讲了。"现场一片寂静，大家都看向董事长。董事长说他观察到两个细节——一个是：在没有名牌的提示下，A女士能够把那位坐着轮椅的董事准确地推到相应的位置，而这位董事因为身体患病，很少出席对外活动；另一个是：A女士发现老者旁边的董事是左利手，于是为其把茶杯放到了方便其使用的位置。在餐饮行业，服务非常重要，她的服务能做得这么到位，后面的方案讲或不讲已经不重要了。表决时，董事们全票通过，决定投资A女士的创业项目。

这个事例说明了什么？

说明会前的准备工作是多么重要，除了准备相关资料，有时甚至需要提前调研参会人员的背景、相关细节。

（6）提醒参会人员须提前五至十分钟到场。有必要的话，会务人员还要与相关负责人确认是否会有人迟到或无法到会，并了解具体情况，告知会务主办方不能到会人员的情况。之后，会议按时开始。

（7）会议开始后，如果有人迟到，就要用到会议奖惩制度。惩罚并不是目的，而是为了让大家守时。有些公司或对迟到的参会者罚款，或让其交"水果基金"（就是请大家吃水果或喝下午茶等的费用），或让迟到者站着参会（迟到几分钟就站几分钟）……无论采取哪种惩罚方式，目的只是让大家重视会议，避免迟到。

（8）会议要有会议流程。首先，会议的主持人要对此次会议的主题进行说明；然后，相关人员逐一发言；最后，由总经理助理这样的角色进行会议总结。如果是大型会议，最后要由总裁或者是会议的负责人对会议进行总结。注意，发言顺序也很重要的，有时候因为发言顺序不对，会变相增加会议时长。

（9）会后，要形成会议纪要。此次会议有几个议题，分别是什么；每个议题分别得出什么样的结论；在这些结论下，下一步工作该如何开展……尤其是大型总结类会议，要准确记录核心发言。

对于讨论型会议，做会议纪要比较省事的方法是：分组讨论后由各组代表发言，主持人可以要求所有发言人把发言整理成文字版提交给会议记录人员，然后将其记录在会议纪要里。这样做还有一个好处：发言人员在把口语变成书面文字的过程中，可进一步总结出核心点，并有可能进一步扩展思路。（但并不建议大家频繁使用这个方式，这个方式可以用于大型讨论会或重要的年会、季度会议、半年度规划会议等。）

会议纪要便于有关人员跟进、落实。有了会议纪要，就可以清楚地看到各项工作分别由哪些岗位和哪些人员配合，由哪个部门或由谁主导。一目了然的会议纪要便于行政管理人员跟进后续工作的落实情况。

仅从以上对会务管理这项职能的讲解，就能看出规范的工作流程是多么重要。

我们只要在工作中不断践行，并不断总结、优化，个人能力就会得到提升，绩效自然就好，无论在哪家公司工作，都能成为会务方面的专家、行政管理方面的专家。

2.4 行政管理工作的改进与完善

在现代公司管理中，行政管理部门扮演着至关重要的角色，不仅关系到公司日常运作的效率，还直接影响公司的长远发展。因此，明确行政管理部门的定位和核心职能，是提升管理效率、确保公司顺畅运行的关键一步，要通过三个方面来完善行政管理工作。

首先，完善行政管理工作规划至关重要。这需要根据公司的未来发展规划，包括短期、中期、长期目标，来制定整体的行政管理规划。在这一过程中，不仅需要深入分析公司的整体战略发展，还需要对行政部门的发展进行细致研究。结合公司整体规划及行政管理部门的规划，确定员工数量及具体的素质要求，这是确保行政管理工作与公司发展战略相协调的基础。

其次，职位管理的完善在行政管理工作中也不可或缺。随着业务流程的不断优化以及公司未来战略发展规划的调整，行政管理岗位的职责和要求也会发生变化。因此，不断更新和完善人力资源与行政管理的岗位说明书，明确相关员工各方面素质和能力的要求，对提升行政管理的专业性和效率具有重要意义。

最后，行政管理部门相关岗位的薪酬绩效管理同样关键。合理的薪酬设计不仅能吸引和留住人才，还能激发员工的工作热情和创造力。针对行政管理部门的关键岗位，确认薪酬和绩效设计的合理性，识别哪些激励性薪酬需要进一步完善，如设置补贴、长效激励机制或特殊专业津贴等，对提升行政管理部门的稳定性和工作效率有直接影响。

综上所述，通过完善行政管理工作规划、职位管理、薪酬管理和绩效管理，可以有效提升行政管理的效率和质量，进而推动公司的整体发展。实现以上方面，不仅需要行政管理部门积极作为，更需要公司高层的支持和全体员工共同努力。只有这样，才能构建一个高效、和谐、可持续发展的行政管理体系。

第三章　行政管理部门如何定岗定编

对行政管理部门进行定岗定编前，要确认：是否赋予行政管理部门更多的职能；行政管理部门的各个管理模块是否有缺失；行政管理部门现有职能模块是否正常发挥，如果职能未能很好发挥，是什么原因造成的（如果是因为没有岗位承接该职能，就在相应的岗位说明书上增加此项工作职能；如果是未重视导致该职能发挥不佳的，强化该职能的考核占比；如果是因工作量大、忙不过来，要考虑是否增加人员分担该职能；等等）。定岗定编具体实施步骤如下。

第一步，对行政管理部门现有职能进行分析和调整。

第二步，将行政管理部门的各职能分解到具体岗位。

第三步，根据岗位职责分析和对工作日志的评估，结合工作量、战略需求以及部门的具体定位，可以确定岗位设置和岗位编制——定岗定编。

3.1　对行政管理部门现有职能进行分析和调整

通过资料收集、访谈调研，分析行政管理部门的管理模块是否有缺失，是否存在这些情况：应该设置而目前未设置的职能，应该取消或不应该由本部门承担的职能，与本部门职能有交叉重叠的其他部门及职能，与本部门职能划分不清晰的其他部门及职能，部门职能划分存在的其他问题，等等。并请相关部门填写部门职能边界沟通反馈表，如表3-1所示。

表3-1　部门职能边界沟通反馈表

问题	具体描述
本部门应该设置而目前未设置的职能	1.
	2.
	3.
本部门应该取消或不应该由本部门承担的职能	1.
	2.
	3.
与本部门职能有交叉重叠的其他部门及职能	1.
	2.
	3.
与本部门职能划分不清晰的其他部门及职能	1.
	2.
	3.
部门职能划分存在的其他问题	1.
	2.
	3.

将部门职能边界沟通反馈表汇总后，要综合考虑公司的发展战略、组织结构现状，并借鉴优秀公司的成功经验，思考以下几点：公司需要制定什么样的组织结构来支撑未来战略的发展？公司发展战略对组织结构提出了什么样的要求？新的组织结构如何解决目前存在的各种问题？公司员工

对未来的组织体系和管理方法有什么样的期望？竞争对手或其他公司的组织体系有哪些值得借鉴之处？如何将这些成功的经验和做法有效地运用于公司？

××集团总部将原有的十一个管理部门调整为七个，如图3-1所示。

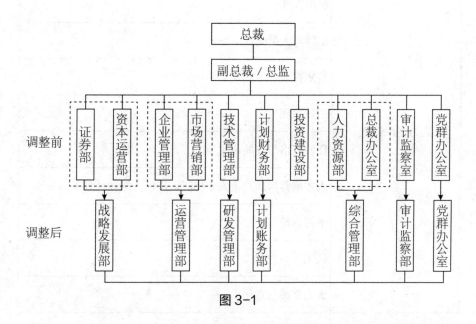

图3-1

经过调整后，综合管理部负责集团公司总部的行政办公、法律事务、信息化管理、后勤保障、企业文化建设以及人力资源管理等关键工作，旨在为公司业务的顺利开展提供全面且高效的行政与人力资源服务。

根据未来发展规划，××集团总部将综合管理部的职能细分为四大核心模块：人力资源管理、行政管理、信息化管理以及法律事务管理。每个模块下又划分为一级职能和二级职能这样的结构体系，具体见表3-2。基于上述职能，综合管理部设立了九个专门的岗位，详见

图 3-2。

表 3-2　××集团总部综合管理部职能汇总表

一级职能	二级职能
人力资源管理	人力资源规划
	组织管理
	招聘与人员配置
	薪酬管理
	绩效管理
	任职资格与技能评定
	人才培养与开发（人才梯队、接班人培养计划）
	干部管理
	员工关系管理
	人力资源信息化
行政管理	公文档案
	行政文秘
	公共关系宣传
	后勤管理
	综合治理
信息化管理	网络安全和硬件管理
	信息化体系管理

一级职能	二级职能
法律事务管理	法律风险防范
	法务支持

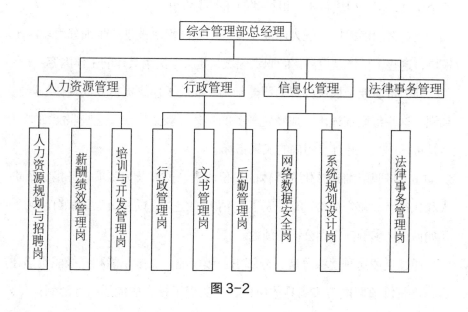

图3-2

3.2 将行政管理部门的各职能分解到具体岗位

对职能进行分解是一个非常细致的过程，宗旨在于确保公司的每个员工都能清晰地理解自己的角色和对公司目标的贡献。这种方法不仅有助于提高公司管理、运营的透明度，有助于提高员工的责任感，还能促进形成更高效的工作流程和更好的绩效管理。逐级分解步骤如下。

（1）将公司的总体职能分解为关键职能。公司需要确定核心使命和战略目标，并从中提炼出公司的总体职能。这些职能是公司实现使命和战略目标所必需的关键活动或能力。

（2）将公司关键职能分解为部门职能。将公司的关键职能进一步细化为具体的部门职能，这通常涉及将关键职能分配给特定的部门或团队。

（3）将部门职能分解为职能模块。在部门内部，将职能进一步划分为多个模块，每个模块负责一组相关的任务或活动。

（4）将职能模块分解为职能子模块。职能模块被进一步细分为职能子模块，这些子模块是更具体的职责区域，定义了更为具体的工作内容。

（5）将职能子模块分解为职能细则。职能子模块被拆分成具体的职能细则，这些细则描述出完成特定任务的具体步骤或方法。这些职能细则应当是可操作的，并且有明确的成果指标。

（6）将职能细则转化为具体的岗位职责。这涉及为每项任务指定负责人和执行者。每个岗位的职责应当有清晰的定义，以便员工了解自己的工作如何直接影响部门和公司的绩效。

通过上述这种逐级分解，分解出一级职能、二级职能和三级职责描述后，再将每项职能落实到具体岗位，就实现了核心职能逐级分解到岗位。这样做，既可以避免职能缺失，也可以避免工作没人做，还可以作为绩效分解的依据。

公司要确保每个员工都清楚自己的角色，并知道如何让自己的工作贡献于公司的整体目标。这不仅有助于提高个人和团队的工作效率，还有助于建立基于绩效的企业文化，从而推动公司持续发展和成功。

表3-3详细列出××集团总部综合管理部行政管理的部分职能分解情况，全面展示了一级职能被分为二级职能，以及三级部门职责描述。此外，从该表格可以看出，每一项三级部门职责描述都被具体分配给相应的岗位，每项工作都有明确的岗位负责执行。

表3-3 ××集团总部综合管理部行政管理部分职能分解表（示例）

部门职能				岗位信息			
序号	一级职能	二级职能	三级部门职责描述	综合部经理	行政文秘岗	行政管理岗	后勤管理岗
1	行政管理	公文档案	1. 健全公司会议管理制度	▲	▲		
			2. 制定公司档案管理制度，做好公司档案资料的整理、归档工作	▲	▲		
			3. 及时发布公司的重要信息、通知、通告等文件	▲	▲		
		行政文秘	1. 掌握公司运营状况，做到下情上报，为公司领导的经营决策提供信息和建议。检查、督办公司经营决策的执行情况，及时上报反馈信息	▲	▲		
			2. 及时跟踪、了解国内政经资讯，并为公司提供相应的资讯信息	▲	▲		
			3. 组织、筹备公司重要的经营管理会议，做好会议记录，监督会议决议的落实	▲	▲		
			4. 撰写公司年度工作报告及各类计划、总结	▲	▲	▲	
			5. 为总裁班子提供各项秘书服务	▲	▲	▲	
			6. 预订机票、火车票	▲		▲	
		公共关系宣传	1. 积极维护公共关系，组织公司的公关活动	▲		▲	
			2. 加大公司对外宣传力度，组织、编发公司内部刊物等	▲		▲	

部门职能				岗位信息			
序号	一级职能	二级职能	三级部门职责描述	综合部经理	行政文秘岗	行政管理岗	后勤管理岗
1	行政管理	后勤管理	1. 统筹管理公司车辆，包括车辆调度、购置、报废、更新维修、保养等	▲			▲
			2. 管理公司宿舍、住房	▲			▲
			3. 对总部的音响视频系统、电话系统、打印机、复印机、传真机、家具等办公设备进行管理，保证其正常运行和使用	▲			▲
			4. 及时采购公司日常所需办公用品、低值易耗品、物资和固定资产，建立采购台账	▲		▲	
			5. 协助产业园进行配套设施建设	▲			▲
			6. 依据公司薪酬福利制度，定期发放员工福利	▲			▲
……	……	……	……	……	……	……	……

3.3 行政管理部门定岗定编实施步骤案例讲解

通过对某建筑公司综合管理部（以下简称"综合部"）的职能进行深入分析，发现该部门具备完整的管理模块与职能，没有职能缺失情况。但是，该部门的有些职能并未得到充分发挥。此外，当公司出现突发事件时，该部门缺乏有效的预案和有针对性的处理措施。

为解决上述问题,建议该公司采取以下措施:首先,对工作任务进行细致分析,并对流程进行系统的梳理,以确保综合部的职能得到全面发挥。其次,建立培训与学习成长机制,以拓宽行政人员的知识领域,提升其综合素质和应对突发事件的能力。

考虑公司的发展战略和现有的组织结构,建议公司借鉴行业内优秀公司的成功经验,对公司的组织结构进行梳理和优化。通过对公司战略进行解读和对职能进行分析,对综合部的部门使命进行深入剖析,从而进一步明确该部门的定位。

对该公司综合部定岗定编的步骤如下。

(1)确定该公司综合部的设计思路,见图3-3。

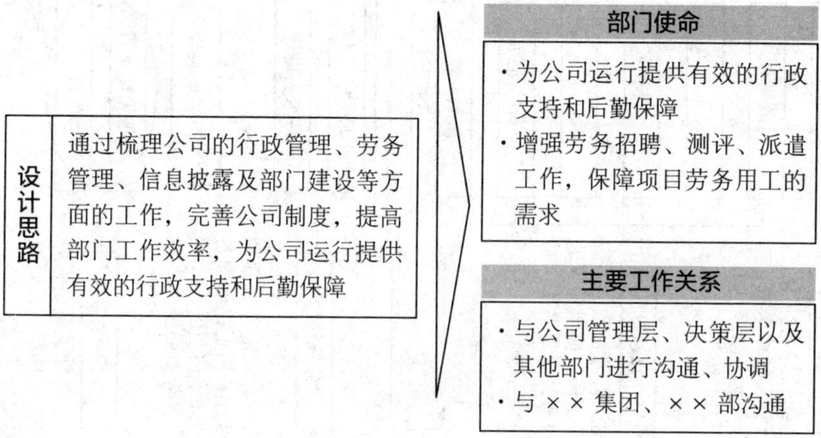

图3-3

(2)对综合部的职能以及岗位设置做相应的调整。综合部的职能分解思路见图3-4,综合部的职能分解到每个具体岗位的情况见图3-5。

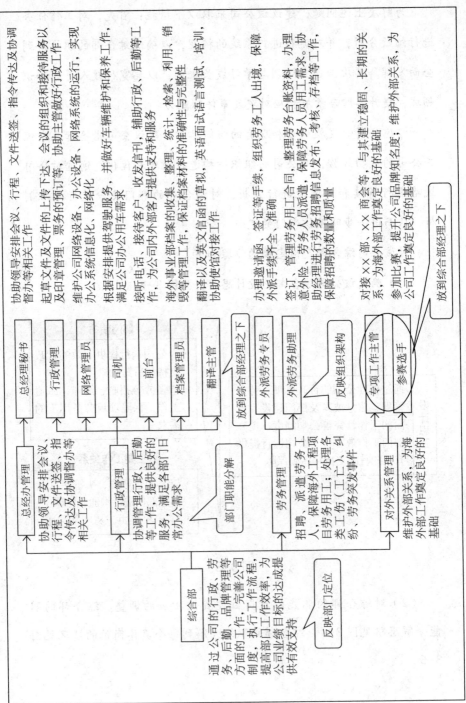

图 3-4

综合部

通过公司的行政、劳务、后勤、品牌管理等方面的工作，完善公司制度，执行工作流程，提高部门工作效率，为公司业绩目标的达成提供有效支持

反映部门定位

总经办管理

协助领导安排会议、行程、文件送签、指令传达及协调沟通办等相关工作

行政管理

协调管理行政、后勤等工作，提供良好的服务，满足各部门的常办公用需求

部门职能分解

放到综合部经理之下

劳务管理

招聘、派遣海外劳工人，保障海外用工；目劳务用工（工伤）类工伤（工亡）、纠纷、劳务突发事件

对外关系管理

维护外部关系，为海外工作奠定良好的基础

反映组织架构

总经理秘书

协助领导安排会议、行程、文件送签、指令传达及协调沟通办等相关工作

行政管理员

起草文件及文件的上传下达、票务的预订等，协助主管做好行政工作

网络管理员

维护公司网络设备、办公设备，网络系统的运行，实现办公系统信息化、网络化

司机

根据安排提供驾驶服务，并做好车辆维护和保养工作，满足公司办公用车需求

前台

接听电话、接待客户、收发信刊，辅助行政、后勤等工作，为公司内外部客户提供支持和服务

档案管理员

海外事业部档案的收集、整理、统计、检索、利用、销毁等管理工作，保证档案材料的准确性与完整性

翻译主管

翻译以及发言函的草拟，英语面试语言测试、培训，协助面试馆对接工作

放到综合部经理之下

外派劳务专员

办理邀请函、签证等手续，组织劳务工人出境，保障手续齐全、准确

外派劳务助理

签订、管理劳务用工合同，整理劳务人员资料，办理意外险、劳务人员派遣，保障劳务人员工需求。协助劳务招聘进行各招聘信息发布、考核、存档等工作

专项工作主管

对接××部、××商会等，与其建立稳固、长期的关系，为海外工作奠定良好的基础

参赛选手

参加比赛，提升公司品牌知名度；维护外部关系，为公司工作奠定良好的基础

放到综合部经理之下

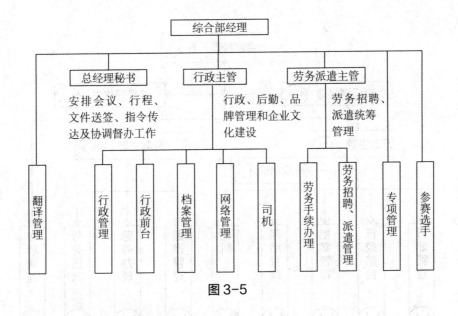

图 3-5

（3）经过对员工的工作模式、工作步骤和日常工作任务进行系统观察，并结合连续两个月的工作日志记录以及对现场工作情况的持续跟踪，对综合部所有岗位的工作内容与工作量进行了细致的整理、汇总及分析。此举旨在评估各岗位的工作饱和度，并借鉴行业内标杆公司的实践经验。

基于以上相关方面深入观察的结果，为公司岗位设置和人员编制的决策提供坚实的数据支持和合理的依据，最终确定了综合部的组织架构和岗位编制，如图 3-6 所示。

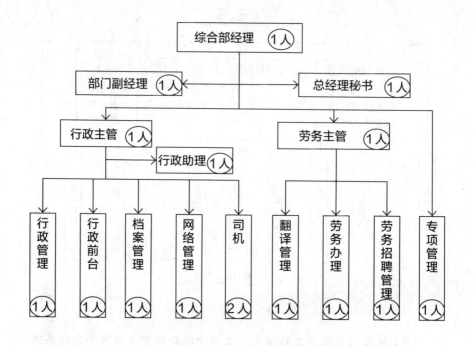

图 3-6

工作量分析：定岗定编的策略应用

现代公司治理中，精准的工作量分析对优化资源分配和提升工作效率至关重要。通过实施定岗定编策略，公司能够有效地提升管理效能。本小节通过对某公司综合部行政主管的工作记录进行深入分析，探讨如何将工作量分析运用于定岗定编策略，以提高公司的整体工作效率。

表3-4是该公司综合部行政主管一天中的工作记录，详细记录了该主管一天的工作任务和具体工作内容，该表是分析岗位工作量的客观基础。

表3-4 ××公司综合部行政主管一天的工作记录

姓名	×××	职务名称	×××		所属部门	综合部	
年龄		从事本业务工龄	××	主管 6	直接上级		
填写日期	20××/××/××	工作开始时间	8:20		工作结束时间	17:30	

序号	工作活动名称	工作活动内容	工作对象	工作联系	活动时间	活动时间	时间消耗	活动地点	性质
1	上班准备	打水等			8:20	8:30	0:10	办公室	常规
2	绩效评定	3人的绩效评定	综合部	综合部经理	8:31	9:20	0:49	办公室	常规
3	沟通	技能不合格的4名工人的资料	外部	劳务供应商	8:56	9:25	0:29	办公室	常规
4	沟通	绩效考核有关内容的修改	内部	×××	9:26	10:11	0:45	办公室	常规
5	洗手间				10:12	10:20	0:08	办公室	常规
6	审核	项目回国人员协议	项目	×××	10:21	14:00	3:39	办公室	常规
7	工作安排	安排办理赴香港签注	内部	×××	13:30	14:13	0:43	办公室	常规

序号	工作活动名称	工作活动内容	工作对象	工作联系	活动时间		时间消耗（分钟）	活动地点	性质
8	沟通	项目部工人后续工作	内部		13:50	14:07	0:17	办公室	常规
9	审核	与劳务供应方沟通工人事宜	外部	×××	14:08	14:30	0:22	办公室	常规
10	沟通	关于回国人员退保工作	内部	×××	14:31	15:16	0:45	办公室	常规
11	沟通	项目回国人员协议中的问题	项目	项目部	15:17	16:25	1:08	办公室	常规
12	沟通	工伤赔偿模板的计算	内部	×××	15:28	15:40	0:12	办公室	常规
13	沟通	关于采购部电梯工人的工作联系单	采购部		15:41	16:10	0:29	办公室	常规
14	收文	项目8名工人事件调查记录	项目	×××	16:11	16:58	0:47	办公室	常规
15	洗手间				16:58	17:05	0:07	办公室	常规
16	沟通	2名防水工	外部	×经理	17:06	17:11	0:05	办公室	常规
17	核算	劳务工人情况表			17:12	17:30	0:18	办公室	常规

为了更深入地了解该行政主管的工作模式，对其一周的工作记录进行了汇总与整理，并进行深入分析。通过观察和分析图 3-7、图 3-8 和图 3-9 所示的三周内该行政主管每个工作日的时间分配图，发现了几个关键问题：行政主管没有设定清晰的周管理目标，在制度建设和企业文化建设方面缺乏明确的计划，其主要精力过多地集中在行政及后勤任务的执行上。

行政主管姓名：× × ×

20× ×年 2 月 6 日至 2 月 10 日　　　　　　　　　　　（单位：分）

	本周目标	星期一	星期二	星期三	星期四	星期五	全周累计	百分比
制度建设		0	0	0	0	0	0	0%
行政		282	335	152	410	330	1509	68%
后勤		265	115	200	50	70	700	32%
企业文化		0	0	0	0	0	0	0%
合计		547	450	352	460	400	2209	100%

图 3-7

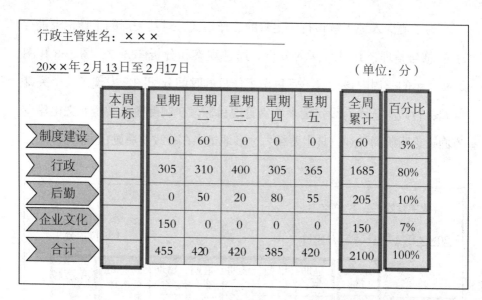

行政主管姓名：×××

20××年2月13日至2月17日　　　　　　　　　　　　（单位：分）

	本周目标	星期一	星期二	星期三	星期四	星期五	全周累计	百分比
制度建设		0	60	0	0	0	60	3%
行政		305	310	400	305	365	1685	80%
后勤		0	50	20	80	55	205	10%
企业文化		150	0	0	0	0	150	7%
合计		455	420	420	385	420	2100	100%

图 3-8

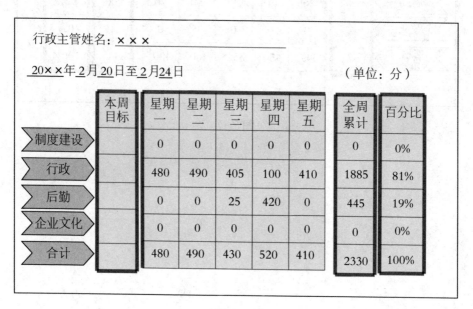

行政主管姓名：×××

20××年2月20日至2月24日　　　　　　　　　　　　（单位：分）

	本周目标	星期一	星期二	星期三	星期四	星期五	全周累计	百分比
制度建设		0	0	0	0	0	0	0%
行政		480	490	405	100	410	1885	81%
后勤		0	0	25	420	0	445	19%
企业文化		0	0	0	0	0	0	0%
合计		480	490	430	520	410	2330	100%

图 3-9

通过进一步观察发现，该行政主管在工作中扮演了"救火队员"的角色，将大量时间投入日常任务的执行中，忽视了管理职能的发挥，这使得行政管理这一职能成了该部门管理方面的薄弱环节。通过将该行政主管的工作重心与行业内其他同类岗位的工作重心进行对比（如图3-10所示），我们可以知道，通过合理的工作规划、安排、执行、监督及改进等措施，可以显著提升该行政主管的管理效能。

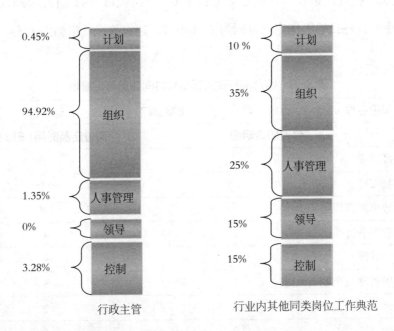

图 3-10　行政主管的工作重心与行业内其他同类岗位工作典范的工作重心对比

通过对连续一个月的数据进行分析，可以计算出该公司综合部各个岗位的平均有效工作时间和工作饱和度。特别是行政主管这一岗位，通过调研问卷得知其每周需要加班3小时，通过对其连续一个月的工作数据进行分析后，其平均有效工作时间为每天430分钟，每周的工作饱和度高达96%，如表3-5所示。

表3-5 某公司行政主管的有效工作时间及饱和度分析

岗位	姓名	每天平均有效工作时间（工作日志分析）	加班统计（问卷）	饱和度
行政主管	×××	430分钟	每周3小时	96%

　　基于上述这些方面的数据，对该公司综合部行政主管职位的时间分配和人员配置提出建议，详细数据见表3-6。该岗位每月的工作定额时间为158小时，每日的工作定额时间为7.18小时，建议该岗位定编为1人。

表3-6 综合部行政主管定额时间测算与定编表

岗位名称	行政主管	隶属部门	综合部
岗位职责明细		岗位定额时间（时／月）	
1. 制度建设		2	
2. 计划安排		11	
3. 行政事务管理		120	
4. 后勤事务管理		4	
5. 群团管理		9	
6. 品牌管理及企业文化建设		5	
7. 境外分支机构管理		2	
8. 其他		5	
人员定编建议	月岗位定额时间158小时		
	日工作定额时间7.18小时		
	建议该岗位定编1人		

　　此外，还对综合部总经理秘书岗位进行了类似分析，结果如表3-7所示。该岗位每月的定额工作时间为75.43小时，平均每日的工作定额时间为3.62小时。鉴于此，建议对该岗位的职责进行扩展或考虑由其他岗位兼

职，以充分利用人力资源。

表 3-7　综合部总经理秘书定额时间测算与定编表

岗位名称	总经理秘书	隶属部门	综合部
岗位职责明细		岗位定额时间（时/月）	
1. 组织周例会召开、记录，以及会议纪要起草和印发		16.19	
2. 督促会议议定事项的执行		4.29	
3. 传达各部门上报文件及总经理批示和指示		16.00	
4. 根据总经理及公司安排，起草相关公文		7.67	
5. 向集团提交 ××× 周总结及周计划		2.62	
6. 其他		28.66	

人员定编建议	月岗位定额时间 75.43 小时		
	日工作定额时间为 3.62 小时		
	建议该岗位增加岗位职责或者由其他岗位兼职		

备注	日标准工作时间	日岗位定额时间	占标准工作时间	岗位定编建议
	8	<5.6	<70%	其他岗位兼职
	8	5.6—9.6	70%—120%	1 人
	8	9.7—13.6	121%—170%	1 人专职，其他岗位兼职
	8	>13.6	>170%	依据上述类推

最后，通过对至少连续一个月的数据进行分析，计算出综合部及其内部各岗位员工的平均工作时间。基于这些数据，进一步编制出了详细的岗位定额时间测算与定编表，为公司提供更加科学、合理的人力资源管理方案。

定岗定编后，往往需要重新修订部门职能说明书和岗位职责说明书，这时，职能与职责是经常被提及的两个概念，它们虽然紧密相关，但各自有明确的定义，且有区别。

1. 职能

职能主要分为核心职能、专业职能、管理职能和一般职能这四种类型。职能不仅关系到公司内部的运作效率，还直接影响公司的外部竞争力和市场表现。在公司中，每种类型的职能都有其独特的作用和重要性。核心职能是推动公司不断创新和保持市场竞争力的关键，专业职能则是确保工作的专业性和质量，管理职能影响公司的整体运行效率和资源配置，一般职能则是公司平稳运行的基础保障。

2. 职责

职责更侧重于具体岗位所需要完成的任务。它是组织对在特定岗位上的员工的期望和要求，通常与具体的工作活动和成果目标相联系。每个岗位的职责定义了员工应完成工作的范围和标准。

3. 职能和职责的主要区别

职能关注的是"如何"，关注个人或团队应具备哪些能力，以高效、高质量地完成任务。职能是能力和资质的体现，是完成任务所需的工具和资源。

职责关注的是"什么"，定义了特定岗位需要完成的具体任务和责任，明确了工作的范围和期望得到的成果。

理解职能与职责的区别，对个人职业发展和人力资源管理都极为重要。从个人发展的角度看，了解所需职能可以帮助员工有针对性地提升自己的能力和技能；从组织管理的角度看，明确每个岗位的职责，可以更好地对人力资源进行配置，可以更客观地对绩效进行评估。

3.5.1 修订之前的准备工作

修订之前需制定一份详尽的《岗位描述编写手册》。应针对该手册的内容进行统一的培训，之后将该手册发放给负责撰写岗位描述的员工。理想的撰写人选应为该岗位的现任员工，且应在专家的指导下进行此项工作。《岗位描述编写手册》应详细阐述如何填写"工作关系"、如何描述"岗位概要"，以及如何明确表述"岗位职责"等。此外，手册还应包含对"岗位权限"的描述和示例，包含对"任职资格"的描述和示例，并详细说明相关文档的签署流程。同时，还要对岗位描述中使用的关键权限术语进行注释，并提供参考示例。

在组织内部，职权、职位、职务、工作族（职系）、职业、职组、职级和职等是用于描述和管理工作任务、角色以及责任的术语。这些概念有助于明确每项工作的性质和相关要求，以及员工在组织内的地位和晋升路径。以下是对这些概念的解释。

·职权：指的是职务范围以内的权力，包括决策权、指挥权和资源分配权等，对组织的高效运作至关重要。

·职位：指的是一个人在组织中执行一定职务的位置，被赋予责任以及完成这些责任所需的权力，是组织结构设计的基本单位。

·职务：指的是职位规定应当担任的工作，即个体在组织中按照规定担任的工作或是为了达成某个目的而做出具体工作的行为，由一组主要职责相似的职位组成。

·工作族（职系）：指由两个或两个以上具有相似特征的工作组成，在职责和要求方面可能有共通之处。

·职业：指不同时间、不同组织中的相似工作的集合，跨越了单一组织的界限。

· 职组：指将性质相近的若干职系综合起来形成的一个更大的工作分类。

· 职级：指根据工作内容、难度、责任大小和所需资格等因素，将职位进行分类的一种方式。

· 职等：指困难程度、职责大小、工作所需资格等条件充分相同的职级的集合。

总之，上述这些概念构成了组织内部工作分类和管理的基础，对促进组织有效运作，提高员工的工作效率和满意度起到重要作用。

3.5.2 标准化岗位说明书编号说明示例

通过将部门职能细化到各个岗位，并结合工作分析以及对工作日志表的分析，可以得出每个岗位的工作量，可以确定岗位的职责，可以设置相应的岗位名称，并对有关岗位进行编号。例如，综合管理部可以设定以下岗位：综合管理部部长、行政管理岗、文书管理岗、后勤管理岗、人力规划与招聘管理岗、薪酬绩效管理岗、培训与开发岗、系统规划与设计岗、网络数据安全岗以及法务管理岗等。为了便于识别，可以根据部门名称的前两个字的拼音首字母来为岗位编号。例如，综合管理部的岗位编号可以以"ZH"开头，其中综合管理部部长的岗位编号为 ZH001，行政管理岗为 ZH002，文书管理岗为 ZH003，以此类推。表 3-8 为示例。

表 3-8　综合管理部岗位编号示例

岗位	岗位编号
综合管理部部长	ZH001
行政管理岗	ZH002
文书管理岗	ZH003
后勤管理岗	ZH004
人力规划与招聘管理岗	ZH005
薪酬绩效管理岗	ZH006
培训与开发岗	ZH007
系统规划与设计岗	ZH008
网络数据安全岗	ZH009
法务管理岗	ZH010

3.5.3　部门职能说明书模板和部门负责人岗位说明书模板

表 3-9 和表 3-10 分别是 ×× 部门职能说明书模板和 ×× 部门负责人岗位说明书模板。

表 3-9　×× 部门职能说明书模板

基本信息					
部门名称		部门编号		部门编制	
部门负责人		主管领导			
部门使命					

（续表）

部门岗位设置		

部门职能		
职能模块	职能描述	权重

编制日期		生效日期		撰写人	
审核人		复核人		审批人	

表3-10 ××部门负责人岗位说明书模板

基本信息			
岗位名称		岗位编号	
所在部门		岗位编制	

岗位概要	

工作关系	
联系对象（部门或单位）	联系的主要内容
与集团总部各部门	
与各分公司、子公司	

与公司外部单位		

岗位职责

职责一	职责描述：部门建设
	1.做战略：依据公司整体发展方向，组织制定部门战略、制订工作计划与费用预算，并分解实施，组织并指导部门人员开展工作，管控部门各模块工作有序推进，确保部门工作计划及业绩目标达成
	2.做机制：宣导、落实公司的规章制度，组织制定管理规章制度、工作流程以及部门间的沟通机制并贯彻执行，完善部门主导的工作流程，总结部门成熟的工作方法与管理工具，建设科学合理的管理体系
	3.做文化：进行企业文化的宣导，定期组织部门活动，推动公司企业文化落地
	4.做团队：实施岗位绩效考核与人才引进、配置分工与选拔调整机制，定期组织部门内部专业交流、专业技术培训与考核评估，提高团队整体水平，推进部门人才梯队建设
职责二	职责描述：
职责三	职责描述：
职责四	职责描述：

权限				
财务权				
人事权				
工作处理权				

工作特征				
工作时间 （在符合的选项后画√）	定时制□			
	适度波动□			
	周期性□			
工作负荷 （在符合的选项后画√）	轻松□			
	正常□			
	满负荷□			
	超负荷□			
出差	占总工作时间的_____%			

任职资格				
（一）学历				

工作经验	高中（中专）以下	高中（中专）	大专	本科	硕士研究生及以上
应届毕业生					
1—3 年					
3—5 年					

5—8 年					
8 年以上					
专业要求					
资格证书					

（二）培训

培训内容	培训方式	年计划培训时间

（三）技能要求

技能	要求	选择 （在相应的要求后画√）
外语	不需要	
	全国大学英语四级，能读写简单的英语文章	
	全国大学英语六级，能用英语进行简单的交流，能看懂专业文章	
公文处理	熟悉一般公文写作格式，符合行文要求	
	能抓住要点，并加以归纳整理	
	具有较强的文字表达能力，言简意赅，行文流畅	
计算机	熟练使用相关办公软件	
	熟练使用本专业软件	
	能根据需求编程	

……	……	

（四）素质或能力	
项目	请在相应的等级上画√
业务能力	1 2 3 4 5
学习能力	1 2 3 4 5
创新能力	1 2 3 4 5
协调能力	1 2 3 4 5
……	1 2 3 4 5

关键考核指标

编制日期		生效日期		撰写人	
审核人		复核人		审批人	

3.6 常用行政管理序列岗位说明书参考

岗位说明书的用途各不相同，其侧重点也会有所不同。因此，在撰写前需要明确其目的是招聘面试、指导工作开展、界定职责权限还是明确考核点等。下面展示几份不同用途的岗位说明书示例供参考。

表3-11和表3-12分别是综合部行政主管岗位说明书和综合部门总经

理秘书岗位说明书示例。这个版本的岗位说明书侧重于指导工作如何开展，并明确了在开展工作时分别需要依据哪些流程表单工具等，这样的岗位说明书适合新公司开展业务，为今后应用办公软件系统打下很好的基础。

表 3-13 展示的是办公室主任岗位说明书示例。这个版本的岗位说明书侧重于界定职责、权限和考核标准，适合处于快速发展中的公司使用，目的是提升管理效率。同时，它也对公司建立规范的管理体系起到关键支持作用。

表 3-14 是人才中心总监岗位说明书示例，这个版本的岗位说明书侧重于强调岗位任职资格。这样的岗位说明书适合大多数原先没有岗位说明书的公司，也是多数公司经常使用的、功能较全面的岗位说明书。

表 3-11 综合部行政主管岗位说明书示例

基本信息			
岗位名称	行政主管	岗位编号	ZH0005
直接上级	部门经理	直接下级	行政管理、行政助理、档案管理员、行政前台、司机、网络管理员
管理人数	6 人	所在部门	综合部
工作地点	北京	职位编制	1 人
版本编号			
岗位概要			
协调管理行政、后勤等工作，提供良好的服务工作，满足各部门日常办公需求			

职位职责描述

	职责描述：参与起草行政管理制度、流程，满足各部门日常的办公需求		
	具体工作及要求（职责展开）	相关岗位	相关流程
职责一	1. 参与起草行政管理制度、流程，并上报审定	主管副总经理	制度、流程管理流程
	2. 制度、流程经公司批准后，协助部门经理监督制度的实施和执行		规章制度、表单
	3. 协助部门经理对管理制度的实施进行跟踪，并收集、反映情况，提出合理的修改意见，并上报审定，待批准后实施		《制度、流程编制申请单》《制度、流程修订申请单》
	职责描述：依据公司年度计划，协助公司开展部门的计划管理，协助制定部门及各岗位的业绩目标，制订工作计划，经公司审定后组织实施并进行监督		
	具体工作及要求（职责展开）	相关岗位	相关流程
职责二	1. 依据公司年度业绩目标及工作计划，协助部门经理对工作目标进行分解，制订工作计划及预算	主管副总经理	目标管理流程 预算管理流程
	2. 协助部门经理制订行政的月度工作计划以及预算		规章制度、表单
	3. 协助部门经理指导行政人员制订各自的周、日工作计划，对计划完成情况进行监督		《××年度经营目标责任书指标评价细则》《部门年度预算表》《员工周报周计划》
	4. 指导、督促行政人员完成年度、月度及周工作计划		

	职责描述：行政管理		
	具体工作及要求（职责展开）	相关岗位	相关流程
职责三	1. 根据公司的战略和发展编写、修订行政管理制度和行政部门工作年度工作计划，并督促执行	部门经理、行政助理、档案管理员	档案管理流程、文件管理流程、会议组织流程
	2. 监督、检查、起草、收发、传达、催办及各类行政文件归档		
	3. 组织召开综合部各类办公会议，并安排做好会议记录和会议服务		
	4. 监督、检查公章、各类资质证书及电子钥匙的保管和使用情况等，确保公司业务正常运转		规章制度、表单
	5. 监督、检查公司档案资料的积累、整理、立卷、归档以及销毁工作		《档案管理制度》《公文管理制度》《印章管理制度》
	6. 组织公司各类活动		

	职责描述：后勤管理		
	具体工作及要求（职责展开）	相关岗位	相关流程
职责四	1. 制订、实施办公用品与办公设备的采购计划，确保日常办公需求	行政主管、司机、网络管理员、行政助理、前台	采购流程、车辆管理流程、订票流程、网络管理流程
	2. 监督、检查网络设备、办公设备及网络系统，确保正常信息化办公		
	3. 与物业公司对接，使保安、保洁工作正常，保证办公楼的安全与正常运转		
	4. 用车及司机管理，及时维护、保养、检查公司车辆，保证出车准时、安全		规章制度、表单

	5. 监督、检查并完善访客接待体系建设		《例行网络维护工作标准》《临时网络维护工作标准》《日常接待工作标准》
	6. 监督、检查并完善飞机票、火车票、旅馆等预订体系建设		
职责五	职责描述：工会管理		
	具体工作及要求（职责展开）	相关岗位及人员	相关流程
	1. 工会大型活动的策划、组织、实施	党员、工会会员、部门经理	工会管理流程
	2. 带头执行党的路线、方针、政策，自觉遵守国家法律和公司的规章制度，努力完成工作任务		
	3. 宣传贯彻工会的决议精神，团结和带动会员群众完成会员代表大会提出的各项任务		规章制度、表单
	4. 工会会费的收、缴、使用和管理工作，发放福利待遇		《工会经费管理办法》
	5. 接待职责范围内的工会员工来信、来访工作，并进行相应处理		
职责六	职责描述：品牌管理及企业文化建设		
	具体工作及要求（职责展开）	相关岗位	相关流程
	1. 宣传 ×× 品牌，以扩大品牌影响力、提高知名度	行政管理	品牌宣传流程
	2. 开展党的组织建设、干部管理、宣传教育，促进党员团结，发挥党员先锋模范作用		规章制度、表单
	3. 承办企业文化建设的规划、年度计划和具体工作的实施		《集团内刊编辑工作流程及标准》《新闻撰写工作流程及标准》

职责七	职责描述：境外分支机构管理		
	具体工作及要求（职责展开）	相关岗位	相关流程
	1. 协助办理各境外分支机构的设立和撤销工作	专项工作主管	规章制度、表单
	2. 进行境外公司年检工作、出口配额和许可证的申办等行政管理工作		《境外分支机构设立及撤销工作标准》

工作权限

1. 部门管理及相关工作建议权

2. 对下属工作的分配权、检查权、考核评价权

3. 工作信息知情权

4. 完善公司采购制度、采购流程的建议权

5. 采购固定资产、办公用品品牌的建议权

6. 完善接待制度、流程的建议权

工作关系

	联系对象（部门或单位）	联系的主要内容
事业部内部	综合部与采购部	携带物资事宜
	综合部与各部门	用车安排，会议接待，物业维修，行政采购
	综合部与各项目部及各办事处	劳务方面事宜的通知，接人、派人、工人劳资，购买办公用品等（报告、工作联系单）
集团	运营中心（办公室、战略发展部）	与综合部相关的业务工作

职位任职要求

政治面貌	中共党员	学历要求	本科以上
职称要求	无	专业要求	工商管理或相关专业

工作经验	5年以上工作经验，3年以上公司管理经验
知识要求	掌握行政管理知识，了解房地产、工程总承包相关知识，掌握商务礼仪知识，掌握人力资源管理知识，了解财务管理知识等
技能要求	危机公关能力、组织协调统筹能力、沟通协调能力、人力资源管理能力、规划指导培训能力、良好的文字表达与写作能力、行政管理能力
素质特征	诚实、原则性强、有责任心、乐观、踏实、抗压能力强

工作环境		
工作地点	1. 室内：90% 2. 室外：10%	
工作时间	1. 正常工作时间：80% 2. 加班：20%	
工作压力	1. 紧急性任务发生频率描述：有时 2. 突发性事件发生频率描述：有时	

编制日期		生效日期		撰写人	
审核人		复核人		审批人	

表3-12　综合部门总经理秘书岗位说明书示例

基本信息			
岗位名称	总经理秘书	职位编号	ZH0003
直接上级	总经理、综合部经理	直接下级	无
管理人数	无	所在部门	综合部
工作地点		职位编制	1人
版本编号			

岗位概要
协助领导安排会议、行程，文件送签，指令传达，以及协调督办等有关工作，推动工作顺利开展

职位职责描述			
	职责描述：组织召开周例会		
	具体工作及要求（职责展开）	相关岗位	相关流程
职责一	组织召开周例会，做好会议记录，同时进行录音笔同步录音	部门经理、副总经理、总经理	会议组织流程
	依据会议记录和录音，按照相应会议纪要的种类起草会议纪要		规章制度、表单
	会议纪要送各参会部门进行会审，领导审核后，正式印发会议纪要		《会议记录及会议纪要工作标准》《督办事项的落实及协调工作标准》
	协助领导监督、催办、落实完成工作计划，并就落实情况书面报领导阅示		
	职责描述：协调督办及指令传达、落实工作		
	具体工作及要求（职责展开）	相关岗位	相关流程
职责二	协助领导监督、催办、落实总经理下达的各项指令	部门经理、副总经理、总经理	制度、管理流程
	总经理出差期间，按照领导要求，协调机关各部门、项目部、办事处的相关工作		规章制度、表单
	传达总经理对机关各部门、项目部、办事处下达的各项指令		《督办事项的落实及协调工作标准》
	督办公司制度、流程落实情况及部门间工作事项的进展		

职责三	职责描述：文件送签工作		
	具体工作及要求（职责展开）	相关岗位	相关流程
	送签总经理批示文件及综合协调工作；对必要的事情进行追踪，反馈结果；负责文件流转的记录工作	部门经理、总经理	文件起草流程、规章制度、表单
	起草相关工作文件；根据总经理要求，书面汇报相关工作进展情况		《文件送签、批转工作标准》《公文起草工作标准》
	送签集团、公司报领导批示的文件，对必要的事情进行追踪并反馈结果		
职责四	职责描述：日常工作		
	具体工作及要求（职责展开）	相关岗位	相关流程
	领导日常出差、会务、接待来访等工作安排	总经理、综合部经理	会务接待流程、规章制度、表单
	处理领导电邮信函工作		《总经理日常出差安排工作标准》《文件送签、批转工作标准》
	领导交办的其他事项		

工作权限
1. 部门管理及相关工作建议权
2. 工作知情权
3. 对决议事项进行催办、查办和落实权
4. 完善公司制度、流程的建议权
5. 对领导下达的各项指令的执行情况的监督权

工作关系		
联系对象（部门或单位）		联系的主要内容
事业部内部	综合部	招工安排及会议组织，文件及档案管理
	工程设计部	项目技术方案、工程进度及计划分析
	采购部	物资计划采购事宜
	商务合约部	项目施工单价等事宜
	财务部	传达总经理的指示及相关文件
	人力资源部部	传达总经理的指示及相关文件
	项目部	传达总经理的指示及相关文件
	指挥部	传达总经理的指示及相关文件
	××办事处	传达总经理的指示及相关文件
集团	办公室	传达集团文件、会议室使用协调
	工程事业部	相关资格证书信息备案、注册公司

外部	××公司	××项目相关信息
	××建筑公司	传达总经理指示及相关文件

岗位任职要求

政治 面貌	中共党员	学历要求	大专以上学历
职称 要求	高级秘书职业资格证书（二级）	专业要求	文秘、中文或新闻专业
工作 经验	具有2年以上文秘相关工作经验		
知识 要求	商务礼仪知识，基本的文秘知识，公文撰写知识，熟练使用Office系列办公软件		
技能 要求	具有较强的沟通、协调和推进能力，有很好的文字和语言表达能力、人际关系处理能力、时间管理能力，熟悉接待公关礼仪，具备较强的独立工作能力，具有周密的统筹计划能力和较强的执行能力		
素质 特征	细致、认真、严谨、有条理、保密意识强、诚实、原则性强、有责任心、乐观、踏实、抗压力强、思维敏捷		

工作环境

工作地点	1. 室内：60% 2. 室外：40%		
工作时间	1. 正常工作时间：90% 2. 加班：10%		
工作压力	1. 紧急性任务发生频率描述：有时 2. 突发性事件发生频率描述：有时		
编制日期		生效日期		撰写人	
审核人		复核人		审批人	

表 3-13　办公室主任岗位说明书示例

岗位名称	办公室主任	岗位编号	BG001
所在部门	办公室	岗位定员	1

岗位职责概述	全面主持办公室工作,参与公司战略的制定,并根据公司发展战略和公司内外部环境实际,组织制定公司各项行政管理制度、业务流程并跟踪落实,负责企业文化的建设、宣贯工作,建设和维护公司与各界良好的关系,统筹安排行政后勤相关事务,保证公司整体运作的顺畅与高效

工作关系	公司外部相关单位: 市科技局、市工信局、高新区相关局委(经发局、招商局、环保局)、专利事务所、市场监督管理局	直接上级岗位: 总经理 本岗位: 办公室主任 直接下级岗位: 外联公关、行政后勤、总经理助理、司机、保洁、保安 直接下级人数: 18 人	部门内部相关岗位: 部门内所有岗位 公司内部相关部门或岗位: 公司内所有部门和岗位

岗位主要职责	职责一: 部门建设	1. 做战略:依据公司整体发展方向,组织制定部门战略、制订工作计划与费用预算,并分解、实施,组织并指导部门人员开展工作,推进部门各模块工作有序开展,确保部门工作计划及业绩目标达成
		2. 建机制:宣贯落实公司规章制度,制定并贯彻执行管理规章制度、工作流程及部门间沟通机制,完善部门主导的工作流程,总结部门成熟的工作方法与管理工具,建设科学合理的管理体系
		3. 做文化:宣贯企业文化,定期组织部门活动,推动公司企业文化落地
		4. 做团队:实施岗位绩效考核与人才引进、配置、分工以及选调调整机制,定期组织部门内部专业交流、专业培训与考核评估,提高部门整体水平,推进部门人才梯队建设

岗位主要职责	职责二：行政管理	1. 组织公司文件的起草工作，审核与公司行政管理工作有关的重要文函
		2. 监督和指导公司公文的收发、运转工作
		3. 监督和检查公司各部门流程、制度管理工作的开展，推动公司管理制度不断规范
		4. 规范行政接待规定，建立完善的行政接待系统
		5. 组织公司福利、劳保用品、办公及生活用品等行政物资的采买与发放，保证办公和后勤的正常物资供应
	职责三：外联公关	1. 审核需要申报的项目，跟踪申报项目资料的到位情况，监督和指导下属进行项目申报
		2. 根据公司技术研究成果，与外部专利事务所联系，协助其申请公司专利
		3. 与政府部门、行业机构、媒体保持良好的关系，对外树立良好的公司形象
	职责四：企业文化管理	1. 根据公司战略、行业特点及竞争因素，协调相关人员进行公司 Logo、辅助图形、色彩规范等基础要素的设计和规范，为公司形象建设提供依据
		2. 根据公司形象基础要素和应用要素，协调相关人员制作企业 VI（视觉识别系统）手册，作为企业形象建设的依据和标准
		3. 根据企业 VI 手册，并结合公司的实际需要，协调相关人员进行办公大楼、办公环境、工服、名片、信封、车体等应用要素的设计和制作，使得企业形象更加统一，更易于传播和记忆
		4. 协调相关人员制定各类内部活动方案，并组织执行，建设良好的企业文化
	职责五：HSE 体系[①]管理	1. 组织制定公司 HSE 体系文件和管理制度，交领导审批后在公司内执行
		2. 推动 HSE 体系在公司内部实行，定期进行 HSE 体系培训，提升员工识别危害、控制风险的能力
		3. 定期组织 HSE 体系检查，发布奖惩结果并监督执行

---

① HSE 体系指的是健康（Health）、安全（Safe）和环境（Environment）三位一体的管理体系，责任制是该体系的核心。

岗位主要职责	职责六：档案管理	1. 负责组织拟定科学合理的档案管理流程，建立、健全档案管理规章制度
		2. 检查公司资料归档、保存、管理情况
		3. 负责公司保密工作的日常监督指导工作
	职责七：信息系统建设	1. 监督指导计算机硬件、软件、网络以及对外网站等系统的规划、采购、构建和维护工作，保证各系统有效运行，满足业务需要
		2. 监督、指导信息系统安全策略的建立，制定和执行数据备份、灾害恢复、应急处理措施
		3. 审核信息系统建设方案，交领导审批后执行，并负责信息系统权限的管理
		4. 组织建立计算机硬件、软件台账，并备案
	职责八：后勤管理	1. 监督、管理公司内外环境的绿化、清扫及保持工作
		2. 监督、管理公司治安保卫工作，确保公司办公、生活秩序不受干扰和公司财产、员工的安全
		3. 监督、管理公司防火安全与消防工作，定期组织检查公司消防设备、设施的配置和使用状态，并及时更换
		4. 负责及时探望、慰问困难员工及其直系亲属
		5. 监督、管理公司食堂，保证公司正常的生产和生活用电、用气，保障全公司空调、用水、暖气的正常供应
		6. 建立、监督、管理公司行政后勤固定资产的台账，并进行检查、盘点和维修维护工作
		7. 公司的公务用车管理，进行科学合理的调度
		8. 负责重要手续的审批工作以及监督和指导下属办理审批手续
		9. 参与施工单位、设计院以及各种资质单位招标评选工作
		10. 跟进施工进度，对施工中出现的各种问题及时沟通并解决
		11. 监督、管理外部机构对指定基建项目的预算决算工作，交领导审批后执行
		12. 负责组织基建项目验收工作

	职责九：其他	完成领导交办的其他事宜
任职资格	教育程度	大专及以上学历
	专业名称	行政管理、企业管理及相关专业
	工作经验	5年以上行政管理相关工作经验，3年以上行政中层管理工作经验
	业务技能	无要求
	资格证书	无要求
	外语技能	无要求
	计算机技能	会基本的办公软件；了解基本的互联网知识，基础的计算机硬件、软件知识
	个人素质	战略规划能力、组织协调能力、沟通能力、公关能力、写作能力、计划能力
	其他要求	无要求
职业发展	可晋升的岗位	行政副总
	可轮换的岗位	其他职能部门主管
工作权限		1. 对公司战略、企业文化、公司形象、公司活动的制定有提案权
		2. 对公司的品牌宣传计划和预算有提案权
		3. 对公司的公关计划和预算有提案权
		4. 对部门内提案有审核或审批权，并对其执行情况有监控权
		5. 对小额公关费用（外出参加会议、招待、礼品等）具有审批权
		6. 对公司的公关预算有建议权

关键考核指标	1. 行政管理工作满意度
	2. 项目申报、专利申报通过率
	3. 企业文化活动组织次数
	4. 无重大安全事故
	5. 战略目标分解的及时性、有效性
	6. 档案完整性
	7. 信息系统稳定性
	8. 后勤工作满意度
	9. 基建设施按时完工率

修订记录	版本号	修订时间	修订内容	修订者	审核者	审批者

表 3-14　人才中心总监岗位说明书示例

基本信息			
岗位名称	人才中心总监	岗位编号	RC001
所在部门	人才中心	直属上司职位	主管（副）总裁

岗位概要
根据公司发展战略，健全公司人力资源管理制度，通过提高人力资源的招聘和培训水平，完善绩效薪酬和人事管理制度，形成良好的人力资源开发和配置机制，为实现公司战略发展目标提供人力资源支持

工作关系	
联系对象（部门或单位）	联系主要内容
与集团总部各部门	总裁、副总裁	集团人才中心工作汇报

	联系对象（部门或单位）	联系主要内容
与集团总部各部门	总裁、副总裁	集团人才中心工作汇报
	行政中心	员工考勤、集团管控工作
	财务中心	员工社保及工资

与各分、子公司	各下属公司	人力资源相关业务
与公司外部单位	社保局	员工社保
	外聘顾问公司	管理咨询

岗位职责

职责一	职责描述：部门建设
	1.做战略：依据公司整体发展方向，组织制定部门战略，制订工作计划与费用预算，并分解实施；组织并指导部门人员开展工作，管控部门各模块工作有序进行，确保部门工作计划及业绩目标达成
	2.做机制：宣导、落实公司规章制度，组织制定管理规章制度、工作流程及部门间沟通机制并贯彻执行，完善部门主导的工作流程，总结部门成熟的工作方法与管理工具，建设科学合理的管理体系
	3.做文化：宣导企业文化，定期组织部门活动，推动公司企业文化落地
	4.做团队：实施岗位绩效考核与人才引进、配置分工与选拔调整机制，定期组织部门内部专业交流、专业技术培训与考核评估，提高团队整体水平，推进部门人才梯队建设
职责二	职责描述：人力资源管理
	1.组织制定人力资源管理制度，经公司批准后，负责制度的执行和监督
	2.对公司人力资源管理制度进行跟踪研究，提出制度修改建议，并上报总裁审定
	3.组织建立公司人才库，并进行日常管理，为重大人事决策提供建议和信息支持
职责三	职责描述：人力资源规划
	1.根据公司战略规划，组织制定公司人力资源规划方案，并协助相关部门进行人员规划
	2.制订公司年度人员需求计划，组织人才供给调查，掌握各部门人力资源饱和、需求等情况，提交公司审批
	3.负责组织公司人力资源规划的实施，并根据变化调整人力资源规划方案
	4.参与组织结构变革方案拟定，提出岗位职责设计方案，并组织分析和评估新设岗位
	5.组织各部门制作、修订岗位说明书，并根据组织结构及人员变动情况，提出人员调配方案

职责四	职责描述：招聘管理
	1. 根据部门人员需求情况，提出内部人员调配方案，经公司审批后实施，促进人员的优化配置
	2. 根据公司年度预算和组织机构设置，制订人员年度招聘计划，并组织制订月度招聘计划
	3. 制定招聘流程及各环节的操作方法，组织初步的面试与筛选，做好各部门间的协调工作等
	4. 有效组织招聘工作，特别是年度大规模的员工招聘，维护招聘渠道
职责五	职责描述：绩效管理
	1. 组织制定公司的绩效考核体系和激励方案
	2. 负责监督和检查绩效考核的实施情况，并指导下属实施和推进绩效管理工作
	3. 负责审核下属所收集和汇总的绩效评估档案
	4. 受理员工考核投诉并反馈信息
职责六	职责描述：薪酬福利管理
	1. 参与公司薪酬管理制度的制定、薪酬体系的设计和薪酬管理的规范工作，并根据公司发展需要适时调整薪酬方案
	2. 根据薪酬管理制度，组织薪酬的核算，对薪酬表进行审核，并通知财务发放
	3. 指导下属开展薪酬调查，组织公司薪酬调整及相关调薪评审活动
	4. 指导下属办理员工的社会保障、福利等
	5. 接受员工的有关询问，解释公司薪酬、福利相关政策及核算方法
职责七	职责描述：培训管理
	1. 根据公司整体的发展和人才提升需求，以及各部门培训需求，指导下属制订公司年度培训计划及培训预算，提交公司审批
	2. 组织建立内、外部培训讲师队伍，督导、安排、检查内部培训师的工作，审核培训课程讲义
	3. 开发外部培训合作机构，负责签订外部培训合同，接洽并安排外部培训前的各项工作
	4. 指导下属开展公司各项内、外部培训，并对培训结果进行跟踪

职责八	职责描述：员工关系管理
	1. 指导下属建立公司人员基本信息数据库，完成人事信息统计，更新并核查员工基本信息、员工流动状况，提供人力资源状况分析
	2. 建立内部沟通机制，妥善处理人员流动情况与劳资关系，及时跟踪和分析人员流动状况并提交相关资料供高层参考，逐步实现对员工流动的有效控制
	3. 指导下属规范人事档案管理，定期进行人事档案的更新、整理、保管工作
	4. 组织实施员工合同管理、入职、调动、离职等相关员工管理工作
	5. 受理员工投诉，组织开展投诉调查和反馈；受理劳动人事争议、仲裁等工作
	6. 组织实施公司关键岗位的人事任免工作，办理聘任、解聘手续，起草任免文件
职责九	职责描述：企业文化推进
	1. 制定、修改、完善公司企业文化建设发展规划
	2. 推进公司企业文化建设的实施，并对各部门落实企业文化建设工作进行指导、协调、监督、检查等
工作权限	
财务权	1. 部门预算、报表的审核权
	2. 可控费用的审核权
人事权	1. 部门内部岗位员工调配的建议权、内部人员聘用或解聘的建议权
	2. 部门员工和工作的指导权、指挥权、监督权、检查权、考核权、奖惩权
	3. 对公司人事选拔、任用、免职等有建议权、审核权
	4. 对所属下级的工作争议有裁决权

（续表）

工作处理权	1. 部门内部管理制度的审批权
	2. 对人力资源制度和机制建设、导入时间等有建议权
	3. 对公司员工的招聘录用的建议权、转正审批权
	4. 员工薪酬、福利发放的审核权
	5. 对公司绩效考核工作的指导、监督权，以及对考核结果的审核权
	6. 人力资源相关档案的监督权、查阅权
	7. 代表公司与外界相关部门和机构联络的权力
	8. 各部门有关资料和报表的索取权（确实为履行岗位职责所需要）

工作特征

维度	具体界定（在符合的选项后画√）
工作时间	定时制□
	适度波动□
	周期性□
工作负荷	轻松□
	正常□
	满负荷□
	超负荷□
出差	占总工作时间的百分比____%

任职资格

（一）学历

工作经验	高中（中专）以下	高中（中专）	大专	本科	硕士研究生及以上
应届毕业生					
1—3 年					
3—5 年					

5—8 年					
8 年以上					
专业要求	企业管理、人力资源、行政管理等相关专业				
资格证书	人力资源管理师				

（二）培训

培训内容	培训方式	年计划培训时间
战略 HR 培训	外训	12 课时
执行力培训	外训	6 课时
管理能力培训	内训	8 课时

（三）技能要求

技能	要求	选择 （在符合的选项后画√）
外语	不需要	
	全国大学英语四级，能读写简单的英语文章	
	全国大学英语六级，能进行简单的英语交流，能看懂专业文章	
公文处理	熟悉一般公文写作格式，符合行文要求	
	能抓住要点，并加以归纳、整理	
	具有较强的文字表达能力，言简意赅，行文流畅	
计算机	熟练使用办公软件	
	熟练使用本专业软件	
	能根据需求编程	
……	……	……

（四）素质或能力	
素质或能力项目	等级 （请在相应的等级上画√）
业务能力	1 2 3 4 5
学习能力	1 2 3 4 5
创新能力	1 2 3 4 5
协调能力	1 2 3 4 5
沟通能力	1 2 3 4 5
公关能力	1 2 3 4 5
适应性	1 2 3 4 5
客户意识	1 2 3 4 5
执行力	1 2 3 4 5

关键考核指标

1. 招聘计划完成的及时性和有效性

2. 完成培训体系建设计划

3. 薪酬福利管理的及时性和有效性

4. 绩效管理的及时性和有效性

5. 任职资格达成率

6. 人才梯队建设

7. 培训目标达成率

8. 关键岗位员工流失率

编制日期		生效日期		撰写人	
审核人		复核人		审批人	

第四章　行政管理岗位的面试

要想有效达成行政管理目标，首先要有适合的人。如何吸引有能力的人？如何培养员工？如何把人才变成资源？

面试就是一个筛选人才的过程。人才好比种子，如果种子没选好，无论如何浇水施肥，也难以产生好的绩效结果。

4.1　面试存在的常见问题

在招聘过程中，面试阶段往往存在一些挑战和不足之处，可能会对最终的人才选拔效果产生负面影响。

首先，面试的时间有限，通常只有短短几十分钟，这对于面试官来说是一项艰巨的任务，因为需要在这段时间内全面了解应聘者的能力和潜力。

其次，面试官的主观性也可能影响对应聘者的评价。因为每个人都有自己的偏好和偏见。有时，面试官可能会因为某些非专业因素而对应聘者产生好感或反感，从而影响其决策。

再次，面试过程中的信息不对称也是一个普遍存在的问题。应聘者通常会充分准备，展示自己最好的一面，而面试官则可能无法完全了解应聘者的真实情况。这种信息不对称可能导致面试官做出错误的判断，从而影响人才选拔的结果。

从次，面试题目的设计也是一个重要因素。面试题目过于简单或过于复杂，都可能无法准确评估应聘者的能力。过于简单的问题可能无法区分出不同水平的应聘者，而过于复杂的问题则有可能让应聘者感到困惑，无法充分发挥其能力。

最后，面试过程中的压力也是不可忽视的因素。面对陌生的环境以及面试官的提问，应聘者可能会感到紧张和焦虑，有可能影响其表现。因此，面试官需要给予应聘者足够的支持和鼓励，帮助他们放松并展现自己的能力。

综上所述，面试阶段存在的挑战和不足之处包括时间限制、面试官的主观性、信息不对称、面试题目设计和应聘者的压力等。为了提高人才选拔的效果，我们需要针对上述问题采取相应的解决措施。

面试的主要目的是从众多候选人中挑选出最适合某岗位的人选，而实现这一目标的关键在于提问环节。通过精心设计的问题，面试官可以深入了解应聘者的背景、能力和潜力。下面是对一家公司的面试官提出的几个典型问题的分析。

你为什么离开上一家公司？这个问题看似简单，实则蕴含深意。面试官试图通过此问题了解应聘者离开上一家公司的原因。然而，应聘者的回答往往倾向于提供客观理由，如家庭原因、事业追求或部门调整等，这些回答虽然真实但可能无法反映应聘者的真实想法。

你为什么希望加入我们公司？对于这个问题，应聘者通常会表达对公司的欣赏等，比如敬佩创始人，或喜欢所应聘公司的工作氛围，等等。然而，这样的回答可能并不完全真诚，因为应聘者可能同时向多家公司投递了简历，而该公司是少数给予面试机会的公司。因此，此类问题可能无法揭示应聘者真正的动机。

你的优点是什么？缺点是什么？在回答优点时，应聘者往往会强调自己能够吃苦耐劳或积极向上等品质，这些品质通常被视为岗位所需的重要素质。而在谈及缺点时，应聘者可能会表述为"过于追求完美"或"工作太拼"等。然而，这些所谓缺点实际上可能并不是真正的弱点，而是应聘者以反向的方式呈现自己的一种策略。此外，应聘者的优缺点与其应聘岗位的实际需求之间可能存在不匹配的情况，因此面试官需要结合岗位特性来综合评估应聘者的优缺点。

你喜欢按部就班的工作还是喜欢富有挑战性的工作？ 面对这个问题，绝大多数应聘者都会选择后者，即表示自己更喜欢充满挑战性的工作。然而，这种回答可能并不完全准确，因为一旦实际工作中出现加班等情况，一些应聘者可能会选择离职。因此，面试官不妨换个角度提问，例如询问应聘者对于加班文化的看法，这样或许能更真实地了解应聘者的工作态度和价值观。

综上所述，面试过程中的问题设计至关重要，这一环节不仅能够帮助面试官了解应聘者的背景和能力，还能够揭示应聘者的动机和工作态度。因此，面试官应当事先精心设计问题，以确保能够选拔出真正适合岗位的优秀人才。

4.2 如何招到适合行政管理岗位的人

想招聘到适合行政管理岗位的人，首先要了解行政管理序列的岗位基本条件，了解其在教育背景、行业经验、本职位的从业经验以及其他特殊方面的要求；其次要了解在该岗位工作，需要哪些技能，需要做什么，需要做到什么程度。关键是了解行为要项，需要了解行政管理岗位的人在工作中需要做到哪些行为动作。

我们看一下某公司的行政管理序列的岗位基本条件描述、技能标准描述和行为要项。表4-1是行政管理序列的岗位基本条件描述，其中每个段位的教育背景及专业、行业经验、本职位从业经验和其他特殊要求的描述是底线要求。

表4-1　某公司行政管理序列的岗位基本条件

段位	基本条件			
	教育背景及专业	行业经验	本职位从业经验	其他特殊要求
一段	大专及以上学历，中文、文秘、管理等相关专业	无	无	熟练操作Office办公软件，有良好的语言表达能力、沟通能力、团结协作能力、执行能力，有责任心，忠诚度高，道德品质好
二段	大专及以上学历，中文、文秘、管理等相关专业	1年以上相关行业从业经验	2年以上行政文秘相关工作经验	有责任心，忠诚度高，有良好的执行能力、团结合作能力、语言表达能力以及道德品质
三段	大专及以上学历，中文、文秘、管理等相关专业	2年以上制造业从业经验	4年以上办公行政相关工作经验，2年以上团队管理经验	有统筹能力、策划能力，有执行力、责任心，忠诚度高，品质优良，有进取心，有团队管理经验，有创新能力
四段	本科及以上学历，中文、文秘、管理等相关专业	5年500人以上大型机械制造业从业经验	8年以上办公行政管理经验，5年以上团队管理经验	有高度的责任心，品质优良，有高度的团队合作精神，忠诚度高，有较强的组织能力、策划能力、统筹能力

表4-2和表4-3分别是行政管理序列的岗位技能标准和行为要项，呈现的是不同段位需要具备的知识模块和关键活动。招聘新员工时，应更侧重于考察其对专业知识的把握程度，比如是了解、熟悉、掌握还是精通。而对行政管理序列的老员工的段位进行评定时，还要结合公司知识，如公

司简介、企业文化、使命愿景、公司战略规划及目标等进行综合评定。

公司制定了这样的行政管理序列的岗位技能标准和行为要项，一旦用人部门需要招聘时，就可以说："需要一个二段的行政，需要几月几号到岗。"那么，招聘人员就可以清楚地知道该人员需要的教育背景及专业、行业经验、本职位从业经验、必备知识，以及该岗位工作模块的行为要项，然后根据各项标准来面试，很容易就知道什么样的人是公司和相关部门需要的。

表4-2 行政管理序列的岗位技能标准

知识模块		必备知识	把握程度			
			一段	二段	三段	四段
公司知识	公司概况	1. 公司简介、企业文化	了解	熟悉	熟悉	掌握
		2. 公司使命及公司远景	了解	熟悉	熟悉	掌握
		3. 公司战略规划及目标	了解	熟悉	熟悉	掌握
	公司规程	1. 规章制度、组织结构	熟悉	熟悉	熟悉	掌握
		2. 本部门及相关岗位职责	熟悉	熟悉	熟悉	掌握
	业务及流程	1. 经营范畴、主营产品	了解	熟悉	熟悉	掌握
		2. 部门及相关岗位工作流程	熟悉	熟悉	熟悉	掌握
专业知识	行政后勤管理	现代公司行政管理规范	了解	熟悉	掌握	掌握
		档案管理知识	熟悉	熟悉	掌握	掌握
		会议管理实操	熟悉	熟悉	掌握	掌握
		办公安全卫生管理	了解	熟悉	掌握	掌握
		会务外联		了解	掌握	掌握
		车辆管理	熟悉	熟悉	掌握	掌握

知识模块	必备知识		把握程度			
			一段	二段	三段	四段
专业知识	商务礼仪及洽谈知识	商务礼仪知识	了解	熟悉	掌握	掌握
		谈判技巧与礼仪实务		了解	熟悉	掌握
		公共关系		熟悉	掌握	掌握
	电子化办公知识	Office 软件的使用	熟悉	掌握	掌握	精通
		数据处理、分析	熟悉	掌握	掌握	掌握

表 4-3　行政管理序列的岗位行为要项

行为模块	行为要项			
	一段	二段	三段	四段
行政事务管理	行政事务处理	办公采购	行政事务处理	行政规划
	无	会议及活动管理	机制建设	机制建设
	无	制度建设及优化	对外沟通	无
后勤事务管理	安全卫生管理	安全管理	行政后勤事务处理	机制建设
	消防安全管理	行政后勤预算管理	机制建设	无

4.3　通过结构化面试发现适合的人

在面试过程中，提问的目的在于识别应聘者是否具备完成工作的能力，以及他们是否符合公司的招聘理念和用人标准。然而，为了更有效地评估应聘者是否符合公司的要求，面试官必须了解应当提出哪些问题。

通过结构化面试，可以更好地衡量行政管理岗位的应聘者是否具备与公司需求相匹配的通用能力和专业能力。通用能力是指公司的核心用人理念，如诚实守信、责任心、团队合作和执行力等。这些能力是企业文化的基石，对于任何岗位都至关重要。专业能力是指岗位所需的关键核心能力，对于行政岗位来说，包括亲和力、服务意识、耐心和细致等。这些能力是行政工作的基础，对于确保公司日常运营的顺利进行至关重要。

因此，在面试过程中，面试官应当针对通用能力和专业能力提出相关问题，以便更好地评估应聘者是否符合公司的要求。这样，才能找到最合适的人选，为公司的发展做出贡献。

表4-4为结构化面试全员通用能力，考察点主要是诚实守信、责任心、团队合作和执行力这四方面。针对每个方面，分别通过几个问题来进行提问、验证，可以依据评分要点对面试者的回答和表现进行判断、打分。

表4-4　结构化面试全员通用能力

能力素质考察点	题号	题目	评分要点
诚实守信	A-1-1	您认为什么样的人适合这一职位？您从事这项工作有哪些优势？有哪些不足？对于这些不足，您是怎么看待的？	A. 谈自己的优势与职位情况时是否反映了真实情况？从语气与条理性判断是否诚实。 B. 能否实事求是地谈到自己的缺点和劣势？态度是否诚恳、谦虚？会不会有意回避自己的问题？ C. 对缺点的认识是否深入？是否有清晰的改正思路？
	A-1-2	您在原来的岗位上是否有过什么较大的失误？您从中得到了哪些教训？	这是一个两难性的问题，面试者会有意识地回避自己的错误，但是又不能不讲出这些错误。主要看： A. 对自己的严重失误能否诚实地承认？能否切实地认识到自己的错误？ B. 是否能够从错误中总结教训？ C. 观察面试者的表情、眼神、动作是否有不自然的地方，判断其讲话的真实性。

能力素质考察点	题号	题目	评分要点
诚实守信	A-1-3	几乎每个人都有失信于人的时候，您能否举一个自己曾经失信于人的事例？	这是一个两难性的问题，每个人都会有失信于他人的情况，主要看： A. 若面试者能比较真实地讲出自己失信于他人的事例，则可以表明他比较坦诚。 B. 但另一方面，又要看失信事例的内容，然后去判断他守信的程度。
责任心	A-2-1	一件事情本来不属于您的职责范畴，但被您发现了问题，您会怎么对待这件事情？	A. 当这件事牵扯到公司的利益时，是否对这件和自己无关的事情表示强烈关注？ B. 是否采取非常有效、积极的措施进行处置？ C. 事情发生以后自身的努力程度如何？
	A-2-2	您的一个下属工作很不认真，有一次因为疏忽激怒了客户，客户到您这里兴师问罪，非要您给一个说法，您会如何处理这件事情？	A. 主动承担作为领导的责任，向客户道歉，力求客户的原谅，不推脱。 B. 本着解决客户的问题、弥补客户的损失、消除客户的不满的原则，先把问题解决了。 C. 与下级坦诚地沟通，希望与下级一起提高、改善，而不是一味责怪和处罚。
	A-2-3	在工作中您是否经常针对工作职责提出好的建议？上级有什么反应？请举例说明。	A. 对工作经常提出建议，表明其责任心强。 B. 从其讲述内容的具体性、逻辑性判断其所讲事情的真实性。 C. 分析其讲述的建议的内容，判断其提出建议的出发点是否基于强烈的责任心。
	A-2-4	在以往的工作中，假设您的上级不在现场，您不得不做出超过您权限的决定，您一般会怎么做？	这个问题主要是考察面试者的责任心和权变能力。 A. 能否从工作的角度出发来考虑问题，而不拘泥于汇报、请示？ B. 是否敢于主动承担责任，并决心对后果负责？ C. 做出决定之后，能否真正负起责任，积极地采取措施推进工作、控制风险？ D. 能否及时向上级汇报并说明情况？

能力素质考察点	题号	题目	评分要点
团队合作	A-3-1	请谈一次您难忘的团队经历：您和团队成员一起努力，取得了很大的成功，给您留下了深刻印象。当时您在团队中发挥了什么样的作用？	A. 面试者是否能够很快想到印象深刻的团队经历？如果能，而且所述事情非常具体、可信，表明他确实有过深刻的团队体验。 B. 其在讲述过程中，是否表现出了对团队的自豪和信赖？ C. 从其扮演的角色来看其协作意识，以及对团队成员形成的积极影响。 D. 其对团队成员是否有正面的评价？
	A-3-2	谈一谈您以前的团队以及以前的团队成员都有什么特点？	A. 对于原有团队有没有荣誉感、自豪感？ B. 对团队成员的评价是否积极、客观，是否有偏激的指责？ C. 是否能够准确认识团队成员的优缺点，并合理整合与协调工作？
	A-3-3	假设您的上级非常器重您，经常分配您做一些属于别人职责范围内的工作，对此同事对您颇有微词，您也感到委屈，您将如何处理？	这是一个两难性的问题，一方面是对上级命令的执行和自我价值的体现，另一方面是对管理秩序的破坏和与同事关系的恶化。主要看： A. 能否从有利于工作和团结的角度考虑问题，而不是自己的感受？ B. 能否积极、婉转、稳妥地说服领导改变主意？ C. 能否认识到对团队团结的不利影响，并积极寻求弥补？ D. 对同事的一些不合适甚至过分的做法是否有一定的包容力？是否能积极地和同事进行适当沟通？
	A-3-4	假设您有一个下属能力很强，但经常和同事发生矛盾，也不积极参加集体活动，您通常会怎么处理？	A. 能否从团队整体的角度正视"个性化明星"的负面影响？ B. 能否巧妙地引导"明星"回归团队，同时引导团队接纳他？ C. 如果"明星"的这些行为是人格上的问题而无法改变，需要果断地请"明星"离开。

能力素质 考察点	题号	题目	评分要点
执行力	A-4-1	当您的上级给您下了一个指令，但是您觉得上级的决策不正确，对这项指令有怀疑，您会怎么做？	A. 首先看面试者能不能认识到执行指令的重要性，能不能认识到决策是上级的责任，而执行指令是自己的责任，作为下属，应该严格执行上级的指令。 B. 其次看其能否执行上级指令，而不是抵触或阳奉阴违。 C. 看其执行这项指令时，执行到什么程度，是有保留地执行，还是达到要求，或是超出要求地执行。 D. 看其能否采取适当的方式影响上级，但是在改变上级意图之前，还是继续执行。
	A-4-2	如果公司严格进行军事化管理，追求在执行工作任务中令行禁止，您认为会有哪些缺点和优点？	A. 能否对执行力具有高度的认识？ B. 能否正确分析或阐述出执行力对公司的重要性和带来的竞争优势？ C. 在阐述问题时是否关注到时间、效率、态度等反映执行力的重要因素？
	A-4-3	每个人都有完成不了任务的时候，您在工作中对上级交办的任务有没有完不成的情况？您是如何解决的？请举例说明。	A. 通过事例来了解其能否承担相关的责任。 B. 了解其能否根据情况向领导解释。 C. 了解其从中得到哪些经验和教训。
	A-4-4	面对上级的正确决策和错误决策，您的执行程度是否有差异？差异大吗？请举例说明。	A. 上级的决策正确与否，这属于自己的判断，不能拿自己的判断代替上级的决策。 B. 不管上级的决策是否正确，都应该坚决地执行。决策是上级的责任，而执行指令是自己的责任，作为下属，应该严格执行上级的指令，而且执行的程度不应该有差异。

能力素质考察点	题号	题目	评分要点
执行力	A-4-4	面对上级的正确决策和错误决策，您的执行程度是否有差异？差异大吗？请举例说明。	C. 如果认为上级的决策是错误的，可以在执行的过程中积极准备，做好预防，通过自己的努力控制可能发生的问题。 D. 在执行过程中，有理有据地将各种实际情况反馈给上级，以正向的、积极的态度去影响上级，但是在上级改变意图之前，还是继续执行。

以下是 F 公司对行政前台和行政考勤员的考量和结构化面试标准。

在行政管理序列的岗位中，我们常见的有行政前台和行政考勤员。许多公司为了提高效率，常常将这两个职能合并，让前台工作人员同时负责考勤管理。然而，这家专注于服装生产、制造及销售的 F 公司却采取了不同的做法，该公司明确地将这两个职位分开，并对每个岗位设定了不同的能力要求。

对于行政前台这一职位，F 公司强调的是客户服务意识、工作细致、有亲和力以及耐心。由于前台工作涉及与各种客户的日常互动，因此拥有良好的服务态度和沟通能力是必不可少的。此外，考虑到前台工作的复杂性，公司还希望应聘者能够具备出色的组织能力和条理性，以便高效地处理各种突发事件和日常任务。

而行政考勤员的职责则更加偏向于数据处理和保密工作。除了需要具备工作细致和有耐心这两种通用素质外，该岗位还需要对数据有高度的敏感性，能够准确无误地记录和管理员工的考勤信息。同时，由于涉及员工的隐私，所以这个职位还要求有强烈的保密意识。

为了更好地评估应聘者是否满足这些要求，针对行政前台和行政考勤员岗位，F公司制定了两套结构化面试标准。表4-5和表4-6详细列出了这两个岗位的能力素质考察点、面试题目以及评分要点。在面试过程中，面试官根据应聘者的回答，对照评分要点进行打分，并填写面试评分表。最终，根据评分结果，面试官会给出相应的面试意见，可能包括建议录用、列为候选人或不予考虑等几种情况，具体可参见表4-7和表4-8。

通过这种严谨的面试流程，F公司确保每个岗位的员工都能满足公司的高标准，从而为公司的持续发展提供坚实的人力资源支持。

表4-5　F公司行政前台的能力素质考察点、面试题目和评分要点

能力素质考察点	题号	面试题目	评分要点
客户服务意识	B-1-1	面对来访人员您一般会怎么处理？	A. 是否能根据不同的来访人员进行不同的接待？如：有约来访、面试来访、商务联络等。 B. 对待不同的来访人员是否能站在来访人员的立场考虑问题，并考虑公司及相关部门人员的情况，设法服务、帮助他人？
	B-1-2	您认为前厅接待的工作性质是什么？怎样评价前厅接待工作的好坏？	A. 是否能讲到为公司及各部门员工做好接待保障工作？考察面试者是否有服务意识。 B. 是否能把很好地配合公司各部门的接待及服务工作作为工作质量的重要衡量指标？ C. 是否能正确理解前台的工作性质以及与其他部门的协作关系？

能力素质考察点	题号	面试题目	评分要点
细致度	B-2-1	能不能举一个您曾经因为粗心而做错事情的事例？您从中吸取到什么样的教训？您又是如何在以后的工作中避免再次犯这样的错误的？	A. 从这件事情的粗心程度判断面试者的细心素质的高低。 B. 是否吸取到足够的教训，并采取有效预防措施来避免再次发生类似粗心事件？ C. 工作中是否有意识地采用合适的方法、工具进行检验？
	B-2-2	前厅接待经常要收取各部门的信件或包裹，一旦事情多了就很容易混乱，您通常以什么方法避免少出错误或不出错误？	
亲和力	B-3-1	您一般喜欢跟哪一类型的人交往？	A. 考察面试者的言行是否具有亲和力，是否能给人亲近的感觉。 B. 考察面试者是否能与各种不同性格的人均保持良好的关系，是否喜欢与人交往。（注意：如果面试者说与每种类型的人都很合得来，也并不意味着其行为真实，即使面试者不喜欢与某一类型的人交往，也许只是其价值取向，并不意味着一定会发生矛盾，所以应注重体会面试者的性格。）
	B-3-2	能否举一个您以往与他人发生矛盾的事例，并说说事情的详细过程？	A. 从面试者与他人发生矛盾的事情，判断面试者的性格、亲和力如何。 B. 如果因为一件很小的事情就发生矛盾，则证明其相处能力欠缺。 C. 考察最后矛盾是否得到了缓解，面试者在与他人发生矛盾后是否有宽容的心态。 D. 体会面试者的亲和力如何，是否让人感觉值得信任和愿意亲近。

能力素质 考察点	题号	面试题目	评分要点
条理性	B-4-1	前厅接待工作非常繁杂，您觉得如何才能理顺日常工作？	A. 考察面试者对繁杂的工作是否有适当的措施理清次序。 B. 考察面试者的计划性、逻辑性、细心程度如何，具备这些能力的面试者能更有条理地开展工作。 C. 考察面试者是否具有处理繁杂事务的经验。
	B-4-2	处理日常事务，您觉得应根据哪些因素来决定做事的先后序？	A. 考察面试者能否考虑到需要根据时间先后、紧急程度、重要程度等决定处理事情的先后顺序。
耐心	B-5-1	来公司办事的人非常多，事情又多又杂，一般人都不喜欢干这份工作，您为什么选择这份工作？	A. 考察面试者是否对前台接待这份工作有较全面的认识，是否喜欢这份工作。 B. 考察面试者对繁杂的事务性工作的态度如何，是不是有良好的心态。 C. 体会面试者的耐心素质与这份工作的匹配度，或者面试者自己是否对自身性格与这份工作的适合性有客观的评价。
	B-5-2	行政前台是一份非常需要有耐心的工作，您觉得您为什么适合这份工作？	A. 从面试者对这一问题的解释来考察面试者是否有耐心、耐心程度如何。 B. 考察面试者对耐心的理解程度，以及是否能列举一些行为来说明自己确实比较有耐心。 C. 考察面试者是否能正确看待行政前台这份工作，体会其是否表现出对这份工作的向往。

表 4-6 F 公司行政考勤员的能力素质考察点、面试题目和评分要点

能力素质考察点	题号	面试题目	评分要点
细致度	C-1-1	能不能举一个您曾经因为粗心做错事情的事例？您从中吸取到什么教训？您又是如何在以后的工作中避免再次犯这样的错误的？	A. 从这件事情的粗心程度判断面试者的细心素质的高低。 B. 是否吸取到足够的教训，并采取有效的预防措施来避免再次发生类似事件？ C. 工作中是否有意识地采用合适的方法、工具进行检验？
	C-1-2	考勤员需要天天统计员工的考勤数据，容易发生错误，您有没有什么好办法避免发生错误？	A. 是否能采取有效的预防措施来避免考勤统计过程中发生错误？比如文字记录、做计划、做标记等。 B. 是否有意识地采用合适的方法、工具进行检验？ C. 从其防范处理措施判断面试者的细致程度。
数据敏感度	C-2-1	考勤员需要整天跟数据打交道，您感觉枯燥吗？结合您的体会，说说怎样才能在核对各项进出数据时又快又准确？	A. 判断面试者是否喜欢与数据打交道，是否喜欢处理枯燥、复杂的数据。 B. 考察面试者是否有较好的方法保证在数据核对过程中不出错。 C. 面试者如果核对速度快，也是对数据较敏感的体现。
	C-2-2	一般来说，用 Excel 表对数据进行处理的方式都有哪几种？分别有什么功能？	A. 考察面试者是否经常与数据接触，或者比较喜欢思考和研究数据处理。 B. 如果面试者列举的数据处理方式多，且都正确无误，则说明面试者比较喜欢做一些数据处理工作，比如：函数运算、模拟运算、变量求解等较复杂的数据处理方式。

能力素质考察点	题号	面试题目	评分要点
保密意识	C-3-1	您觉得如果考勤统计数据被他人看到了会产生哪些问题？通常您会采取哪些方式对考勤统计数据进行保密？	A. 是不是能正确认识考勤统计数据泄露产生的影响和问题？如果没有足够重视，当然不可能采取相关保密措施。 B. 保密措施是否全面、有效？是否关注到防止数据泄露方面的各个细节？比如保持很高的警惕性，对电脑进行加密，不随便放置数据表，等等。
	C-3-2	有没有发生过考勤统计信息因为处理不当而导致数据信息泄露的事例，或者因保密措施不当而被领导批评的事情？从这次事件中您吸取到什么教训？	A. 信息泄露事件是否属于严重失职或过于粗心大意？如果过于粗心则说明没有引起足够重视。 B. 这次事件是否引起面试者的高度重视？是否提高了面试者的保密意识？ C. 面试者从这次事件中是否吸取了深刻教训，并在以后的工作中加强了保密措施？
耐心	C-4-1	做行政考勤员，工作很枯燥，也很辛苦，有时录入数据就需要一整天，您为什么喜欢做这份工作？	A. 考察面试者是否对行政考勤员这份工作有正确的认识，是否确实喜欢这份工作。 B. 考察面试者对繁杂的事务性工作的态度，是否具有良好的心态。 C. 体会面试者的耐心素质与这份工作的匹配度，或者面试者自己是否对自身性格与这份工作的适合性有客观的评价。
	C-4-2	考勤统计工作非常需要耐心，您觉得您为什么适合这份工作？	A. 从面试者对这一问题的解释来考察面试者是否有耐心、耐心程度如何。 B. 考察面试者对耐心的理解，看其是否能列举一些行为来说明其确实比较有耐心。 C. 考察面试者是否能正确看待考勤统计这份工作，体会其是否表现出对这份工作的向往。

表 4-7　F 公司面试评分表（综合管理部基础评价）

评价内容	优 秀	良 好	有差距	备 注
1. 仪表举止				
2. 沟通表达				
3. 教育背景				
4. 工作经验				
5. 适应能力				
总体评价				
面试意见	进一步面试□		不予考虑□ 面试人签名：	

表 4-8　F 公司面试评分表（用人部门专业评价）

评价内容	优 秀	良 好	有差距	备 注
1. 专业能力				
2. 学习能力				
3. 工作热情				
4. 责任心				
5. 发展潜力				
总体评价				
面试意见	建议录用□　　　　列为候选□		不予考虑□ 面试人签名：	

第五章 行政管理序列的薪酬体系

5.1 薪酬的功能、付薪的依据和涨薪的标准

思考行政管理序列应采用什么样的薪酬策略时，需要考虑以下问题。

（1）通过薪酬体系设计要达到什么样的效果？

（2）进行薪酬体系设计的指导思想和准则是什么？

（3）公司当前的薪酬体系有哪些突出的问题？目前面临的迫切问题是什么？针对这些问题应该有什么样的解决思路？

（4）目前公司的薪酬水平在行业里处于什么位置？公司的薪酬应该在什么水平？应比竞争对手高还是低？如果高的话，应高多少？

（5）要重点激励哪些人员？公司的核心竞争力靠哪些人支撑，就应该重点向其倾斜。

（6）要重点激励什么？薪酬体系要有效支持公司的战略和企业文化，以及公司的价值观。

下面，通过 Z 公司的案例，我们对本小节的内容进行直观的了解。

Z公司只要一涉及招聘新员工，就会面临如何给新员工定工资的问题：

· 工资低招不来新人，但如果新员工的工资比老员工的工资高，又影响老员工的积极性。

· 有些老员工在公司的经验不能被很好地认可，虽然能力不同，工资却相同，不能体现出差别。

· 工作职责不同，工作压力以及岗位相对的重要性不同，工资却相同，不能体现出岗位价值。

· 同样的岗位，绩效好的员工未必工资高，能力强的员工不能得到认可。

对Z公司的薪酬状况进行调研访谈，并开展全员调查问卷，其中一个问题是：您认为在决定员工的工资时，能力的高低、业绩贡献大小、岗位价值大小、学历高低、职位高低和进入公司时间的长短，这6个因素的重要程度如何？请按照重要性排序。

有99%的填写者认为能力的高低最重要，98%的填写者认为业绩贡献大小和岗位价值大小是优先考虑的因素，95%的填写者认为学历高低、职位高低和进入公司时间的长短同样重要。

通过调研访谈和对调查问卷结果的数据分析得出：Z公司在给新人确定工资和给员工调整薪酬时，员工希望从工作能力、业绩贡献、所在岗位的不同，以及学历差别、职位等级差别和司龄（在公司服务的年限）等方面综合考虑，具体的权重比例要根据公司管理者对行政管理序列的要求来确定，具体的薪酬范围要结合市场薪酬和当地社会平均工资。

假设有2个大学刚毕业的学生，他们毕业于同样的学校，拥有同样的学历，学的是同样的专业，两人都来Z公司面试行政管理岗位，

Z公司的员工普遍希望其固定薪酬是一样的，而每个人每个月到底能拿到多少薪酬，要看每个人的工作能力和工作业绩。

基于调查结果，Z公司确定了下述薪酬调整思路和原则。

薪酬的功能就是吸引、保留、激励，付薪的依据是基于岗位、能力、业绩的薪酬模式。

公司付薪原则发生改变，不再是熬年限、凭资历，付薪是为岗位付薪、为个人付薪、为业绩付薪、为市场付薪。新的薪酬绩效制度将以"适应市场环境，体现人才价值，发挥激励作用"为原则，公司规范薪酬管理工作，建立兼顾内部公平性和外部竞争性的薪酬制度，在薪酬分配上努力实现"责任与利益一致、能力与价值一致、业绩与收益一致"的目标，将个人收益和公司效益有机结合，充分发挥薪酬的激励效果，促进公司持续、稳定、健康发展。其遵循以下原则。

（1）按照市场化原则，通过薪酬水平的市场定位，使公司的薪酬水平具有竞争力，对外能吸引优秀人才，对内保留骨干。

（2）遵循内部公平性原则，建立了科学的职位分析和职位评估体系，对各职位的相对价值进行准确、客观、全面的衡量和判断，从而确定薪酬级别，合理体现薪酬差距，以保证各职位薪酬的内部公平性。进行岗位价值评估，根据岗位价值的评估和分析结果，形成岗位矩阵。

（3）根据绩效驱动原则，通过薪酬结构中绩效薪酬的设计，将薪酬与绩效紧密联系起来，实现个人收入与公司业绩挂钩，并将每个人的工作目标与公司的经营目标紧密地结合在一起，真正实现绩优薪优。

（4）依据可转换原则，在薪酬和职级体系中进行管理通道和专业技术通道可转换的设计，为员工的职业发展打开上升通道，解决专业人员和管理人员的职业转换问题，鼓励员工专精所长。

（5）兼顾个体差异性原则，实行宽带薪酬，在综合考虑员工对工作的胜任程度、个人成长的基础上确定个人薪酬，体现个体差异性。

以行政管理岗的薪酬为例，具体示例如下。

Z公司行政管理岗的薪酬构成＝岗位工资＋学历工资＋职位工资＋司龄工资＋能力工资＋业绩工资。

Z公司为行政管理岗支付薪酬的依据：

· 学历工资标准（大专、本科、研究生不同学历对应不同的学历工资）

· 司龄工资（每满一年涨薪一百元，需要确定司龄工资是否封顶）

· 职位级别工资（采用九级工资制）

· 能力工资（是否对应管理序列的段位）

· 业绩工资（也叫"绩效工资"，需要制定评价工作贡献及工作绩效的考核标准）

Z公司为行政管理岗涨薪的标准：

· 学历越高，学历工资越高

· 工作每满一年，调整一次司龄工资

· 职位等级为助理—专员—主管—经理—总监，逐级晋升可以调整薪资

· 对应行政管理序列段位描述，不同段位采用不同的薪酬

· 根据行政管理岗的考核周期，并结合年终考核结果，在不同时间发放绩效工资

5.2 行政管理序列为何采用岗位绩效工资制

公司建立以岗位、能力素质、绩效结果为基础的薪酬体系，要以岗位

价值为基础，以个人能力和绩效为核心，实现岗位价值、个人价值和公司价值的有机统一。

岗位绩效工资制的设计理念：以岗位价值为基础，以个人能力、素质和绩效为核心，实现岗位价值、个人价值和公司价值的有机统一。

1. 什么是岗位绩效工资制

岗位绩效工资制是通过"以岗定等，按技能分档"的方式体现岗位的相对价值和员工的技能因素对公司的贡献，是一种以岗位价值和业绩因素为主要分配依据的工资制度，旨在通过绩效考核激励员工，以提高工作效率和工作质量。

岗位绩效工资 = 岗位工资 + 绩效工资 × 绩效考核结果 + 其他

岗位工资的薪资基数由岗位评价和归级列档确定，是对在该岗位上任职的员工的整体价值预期。关于绩效工资和绩效考核结果，将在第六章详细讲解。

2. 岗位绩效工资制的特点

（1）实现对工作绩效好的员工的激励，真正实现绩优薪优。

（2）岗位绩效工资制的设计体现了静态的岗位价值和动态的个人能力的有机统一，通过"以岗定等，按技能分档"的方式体现岗位的相对价值和员工的技能因素对公司的贡献。

（3）在工作分析与岗位评价的基础上确定岗位相对价值，以此作为确定岗位薪级的依据，同一岗位的员工，如果技能不同，则其薪酬在同一薪级内属于不同档次。

（4）岗位绩效工资制的这种"一岗多薪"的特点，能够鼓励员工专精所长。

（5）岗位绩效工资制是公司整体薪酬体系的基石，年薪制、提成工资制等工资制度都是以岗位绩效工资制为基本设计思想，只是在岗位绩效工资制的基础上进行了相应的变化而已。

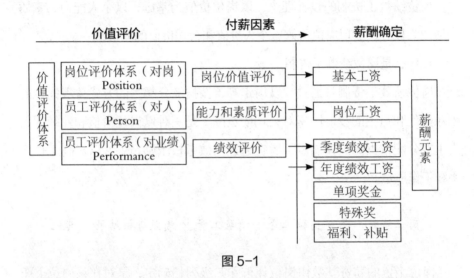

图 5-1

5.3 如何设计行政管理序列的薪酬管理体系

1. 明确公司的薪酬策略

通过深入的市场薪酬分析，制定符合公司的薪酬策略，旨在针对不同级别的人才实施差异化薪酬方案，特别是加强对关键岗位员工的激励措施，同时对非核心人员的工资开支进行合理控制，解决薪酬分配中存在的问题，如关键岗位与非关键岗位间薪酬差异较小、对关键人才激励不足等问题，以期在保证薪酬总体成本可控的前提下，实现更合理的薪酬结构。

公司在设计薪酬管理体系前，应当在调研的基础上编制一份《行业薪酬调研报告》，报告内容应涵盖：分析公司所处行业的整体薪酬状况；比较公司与外部公司间的薪酬差异；评估公司关键职能序列在市场中的薪酬水平；解析重点职能序列的薪酬结构，包括薪资构成与分配机制；提供关于行业内基准职位的市场薪酬数据的深入分析。

一般来说，有代表性的薪酬模式有以下几种：基于岗位定位的薪酬体系、以个人能力为核心的薪酬体系、依据工作绩效的薪酬体系以及参照市场行情确定的薪酬体系。本节仍以 Z 公司作为分析案例。

Z 公司想要解决前述（本章第一节）在薪酬方面存在的问题，所以希望将上述四种模式结合在一起设计本公司的薪酬管理体系。Z 公司采取的原则如下：

（1）以岗位价值定基本薪酬等级：主要付酬要素是岗位，根据岗位评估结果确定不同岗位的等级——薪酬分等级；

（2）以能力高低定基本薪酬档次：兼顾员工能力的不同设置薪酬等级带宽，以保证能力的提升有相应的回报——薪酬分档次；

（3）以岗位类别定薪酬结构比例：考虑不同岗位的业务和风险特征，根据岗位类别和层级设置不同的业绩工资比例，以业绩好坏定实得绩效薪酬——薪酬给付以业绩为导向；

（4）基于业绩给付奖金，不同类别的岗位采用不同的业绩挂钩方法（年薪制、月度考核奖金等）；

（5）以市场稀缺度定薪酬模式：保证薪酬体系的灵活性和适应性，对于稀缺度一般的常规岗位使用上述以岗定薪的主流薪酬模式，对于稀缺和过剩岗位使用谈判工资模式。

2.对岗位价值进行评价

岗位价值评价共分为如下六个步骤（见图 5-2）。

（1）成立岗位价值评估委员会。确定委员会职责、任职资格和组成人员，审定行政管理部的职位说明书，收集有关资料。

（2）熟悉行政管理序列的要素及职位评估方法和评估流程。

（3）实施设计。确定各要素权重，形成量表，提交讨论以确认。

（4）评估指导。由外部顾问对评估委员会成员进行指导，对评估模型进行测试，对发现的问题进行调整。

（5）实施评估。对职位与评估要素进行配比，评估委员会成员分别对各职位进行评价，汇总评估委员会成员的评价结果。

（6）评估结果调整与审批。对评估结果进行数据转换，形成行政管理所有岗位的职位排序，由外部咨询顾问对评估结果进行校审，提交总经理审批。

阶段一 成立评估委员会	阶段二 熟悉要素及评估方法、流程	阶段三 实施设计	阶段四 评估指导	阶段五 实施评估	阶段六 评估结果调整与审批
1. 确定委员会职责、任职资格和组成人员； 2. 审定职位说明书； 3. 收集有关资料。	1. 熟悉各评估要素的定义及等级划分； 2. 掌握职位评估的方法； 3. 了解职位评估流程。	1. 确定各要素权重； 2. 形成量表； 3. 提交至相关人员并讨论确认。	1. 由外部咨询顾问对评估委员会成员进行指导； 2. 测试评估模型； 3. 对发现的问题进行调整。	1. 对职位与评估要素进行配比； 2. 评估委员会成员分别对各职位进行评价； 3. 汇总评估委员会成员的评价结果。	1. 对评估结果进行数据转换； 2. 形成公司职位排序； 3. 由外部咨询顾问对结果进行校审； 4. 提交总经理审批。

图 5-2

3. 对岗位价值进行排序，对打分结果进行对比并做差异性分析

经过对表 5-1 的深入分析，我们可以观察到 Z 公司行政司机岗位的评分结果与排序结果存在显著的差异。通过进一步的研究和分析，发现这一现象背后的原因：当前从事该岗位的员工未能充分满足公司的期望，导致主管基于印象进行的排序低于岗位价值评估的结果。

表 5-1　岗位价值差异分析表

顺序	部门	岗位名称	打分结果	排序结果	打分名次	排序名次	差异
1	管理层	总经理	858.8	0.8	1	1	0
2	管理层	副总经理	702.4	1.6	2	2	0
3	管理层	总工程师	600.9	3	6	3	3
4	管理层	行政人事部主任	541.3	5.8	10	7	3
5	管理层	计划财务部主任	548.8	6.3	9	8	1
6	管理层	销售部主任	602.9	4.6	4	5	1
7	管理层	采购部主任	580.1	6.9	7	9	2
8	管理层	技术开发部主任	605.3	4.7	3	6	3
9	管理层	技术开发部副主任	564.6	7.7	8	10	2
10	管理层	生产管理部主任	601.1	4	5	4	1
11	管理层	安全环保部负责人	517.1	8.7	11	12	1
12	管理层	机动部负责人	488.5	8.5	12	11	1
13	行政人事部	行政管理岗	289.4	22.6	34	29	5
14	行政人事部	人力资源管理岗	341.5	20.2	25	21	4
15	行政人事部	行政司机岗	229.0	36	40	46	6
16	行政人事部	综合信息岗	262.4	32.1	37	42	5
17	行政人事部	门卫岗	102.0	38.2	48	48	0
18	行政人事部	后勤岗	127.4	37.4	47	47	0

4.对薪酬分级

根据岗位价值评价的分数范围，对薪酬进行分级。比如，Z 公司的薪级分为 16 级，行政管理序列所有岗位按照分值对应相应的薪级，详见表5-2。

表 5-2　岗位矩阵

职层	薪级	分值范围	公司领导	行政管理部
高层	16	801—865	总经理	
	15	736—800	副总经理	
	14	671—735	总监	
中层	13	606—670		
	12	551—605		行政管理部主任
	11	496—550		
	10	441—495		
骨干	9	396—440		
	8	351—395		
	7	306—350		人力资源管理岗
基层	6	271—305		行政管理岗
	5	241—270		综合信息岗
	4	206—240		行政司机岗
	3	171—205		
	2	136—170		
	1	100—135		后勤岗、门卫岗

5. 对市场薪酬和公司薪酬数据进行对比分析并做出策略选择

一般来说，公司根据所处行业，以及岗位的市场稀缺性、岗位招聘难度等，来综合确定不同岗位的薪酬策略。

表 5-3 展示的是一家建筑公司制定的薪酬方案。该方案的主要目标是确保公司在招聘市场上保持竞争力，同时还要兼顾公司的薪酬成本管理。为了平衡这两方面的需求，该公司提出了一套具体的薪酬策略建议。

表 5-3 市场薪酬与公司薪酬数据对比分析及策略选择

职层	薪级	25 分位	50 分位	75 分位	90 分位	选取值	基准岗位	现在年薪	折中方案	薪酬策略
基层	1	35 611	44 404	58 506	69 193	41 600	前台	41 600		维持现状
	2	48 967	61 171	80 545	96 604	49 400	统计专员	49 400		
	3	57 420	71 797	94 506	114 146	61 100	计划管理专员	61 100		
骨干	4	67 332	84 268	110 886	134 873	84 268	薪酬福利岗	62 400	84 268	提升到 50 分位
	5	92 583	116 086	152 656	188 303	116 086	行政主管	93 600	116 086	
	6	108 565	136 251	179 115	222 496	136 251	预算管理主管	106 600	136 251	
	7	127 305	159 918	210 160	262 898	159 918	人力资源主管	119 600	159 918	
中层	8	175 050	220 301	289 325	367 043	254 930	副经理	232 000	254 930	市场领先，选取折中方案
	9	205 267	258 568	339 472	433 693	301 389	部门经理	276 000	301 389	
	10	282 249	356 199	467 347	605 497	371 674		276 000	371 674	
高层	11	330 970	418 072	548 350	715 447	495 175	副总	442 000	495 175	
	12	388 102	490 693	643 392	845 361	542 696	总工程师	442 000	542 696	
	13	455 096	575 928	754 907	998 866	598 454	总会计师	442 000	598 454	
	14	533 654	675 969	885 751	1 180 246	675 876	常务副总	466 000	675 876	
	15	625 772	793 388	1 039 273	1 394 561	844 637	总经理	650 000	84 4637	

首先，对于基层员工，即那些日常执行具体工作任务的员工，公司决定保持其现有的薪酬水平。这一决策考虑到了基层员工的基本生活需求和市场平均水平，旨在保障他们的稳定性和满意度，同时避免不必要的财务负担。

其次，对于公司的骨干员工，也就是那些在各自领域具有关键技能和经验的员工，公司计划将他们的薪酬定位在市场的 50 分位水平。这意味着这些员工的薪酬将会被调整至市场中位数水平，确保其收入在行业内属于中等收入水平，从而吸引和留住这部分重要的人力资源。

最后，对于中层和高层管理人员，公司则设定了一个更为灵活的薪酬区间，即介于市场的 50 分位和 75 分位之间。这个薪酬区间的设定旨在奖励这些管理层人员的领导能力和对公司的贡献，同时确保其薪酬能够反映他们在公司中的重要地位和市场价值。

在行政管理序列中，行政主管目前的年薪为 9.36 万元，根据所选的 50 分位薪酬策略，其年薪将调整至 11.6 万元。而前台岗位目前的年薪为 4.16 万元，已接近 50 分位所对应的 4.44 万元，因此决定维持其薪酬现状不变。

通过这样的薪酬战略，公司希望能够在不超出预算的情况下，有效地激励员工，提高员工工作的积极性，同时保持公司在人才市场上的吸引力，促进公司长期发展和成功。

6. 确定薪级薪档

薪级薪档表是薪酬体系的核心，是由二维的薪酬等级及薪酬档位设计构成。表 5-4 为某集团根据宽带薪酬设计的理念，结合集团的实际情况设计的薪级薪档表，共计 16 个级别 9 个档位，以满足员工的差异性需要及员工发展需要。

表 5-4 某集团薪级薪档表示例

薪级	1级	2级	3级	4级	5级	6级	7级	8级	9级	10级	11级	12级	13级	14级	15级	16级
9档	11 600	12 600	14 000	15 000	16 000	17 400	18 400	18 900	21 300	23 700	29 500	32 500	35 500	48 000	56 000	64 000
8档	106 00	11 600	12 900	13 900	14 900	16 200	17 200	18 300	20 600	22 900	28 500	31 500	34 500	46 000	54 000	62 000
7档	9 800	10 800	12 000	13 000	14 000	15 200	16 200	17 700	19 900	22 100	27 500	30 500	33 500	44 000	52 000	60 000
6档	9 000	10 000	11 100	12 100	13 100	14 200	15 200	17 100	19 200	21 900	26 500	29 500	32 500	42 000	50 000	58 000
5档	8 500	9 500	10 500	11 500	12 500	13 500	14 500	16 500	18 500	20 500	25 500	28 500	31 500	40 000	48 000	56 000
4档	8 000	9 000	9 900	10 900	11 900	12 800	13 800	15 900	17 800	19 700	24 500	27 500	30 500	38 000	46 000	54 000
3档	7 700	8 700	9 500	10 500	11 500	12 300	13 300	15 300	17 100	18 900	23 500	26 500	29 500	36 000	44 000	52 000
2档	7 400	8 400	9 100	10 100	11 100	11 800	12 800	14 700	16 400	18 700	22 500	25 500	28 500	34 000	42 000	50 000
1档	7 100	8 100	8 500	9 700	10 700	11 300	12 300	14 100	15 700	17 300	21 500	24 500	27 500	32 000	40 000	48 000
档差	300	300	400	400	400	500	500	600	700	800	1 000	1 000	1 000	2 000	2 000	2 000
级差	1 000	1 000	1 000	1 000	1 000	1 000	2 000	2 000	2 000	5 000	3 000	3 000	85 000	8 000	8 000	

各档位薪资数

（续表）

薪级	1级	2级	3级	4级	5级	6级	7级	8级	9级	10级	11级	12级	13级	14级	15级	16级
年薪资 最低	85 200	97 200	105 600	116 400	128 400	135 600	14 7600	169 200	188 400	207 600	258 000	294 000	330 000	384 000	480 000	576 000
年薪资	102 000	114 000	126 000	138 000	150 000	162 000	174 000	198 000	222 000	246 000	306 000	342 000	378 000	480 000	576 000	672 000
年薪资 最高	139 200	151 200	168 000	180 000	192 000	208 800	220 800	226 800	255 600	284 400	354 000	390 000	426 000	576 000	672 000	768 000
人数	1	2	3	9	13	8	0	0	2	5	1	2	2	2	4	1
工资总额	102 000	228 000	378 000	1242 000	1950 000	1296 000	0	0	444 000	1230 000	306 000	684 000	756 000	960 000	2304 000	672 000
岗位名称	行政司机	后勤管理岗	企业文化岗	行政文秘岗	法务管理岗	综合管理岗	人力资源管理岗	战略管理岗	总经理助理	副总经理		综合管理部总经理		总裁助理	副总裁	总裁
			综合管理部行政管理岗		员工关系管理岗	人力资源开发岗										
						薪酬绩效管理岗										

7. 薪酬构成

图 5-3 为薪酬构成示例图，现金收入 = 固定薪酬 + 浮动薪酬 + 福利，固定薪酬 = 基本工资 + 岗位工资 + 附加工资（保密工资 + 司龄工资 + 其他），浮动薪酬 = 年度绩效工资 + 岗位绩效工资 + 单项奖（如有）+ 股权激励（如有）。

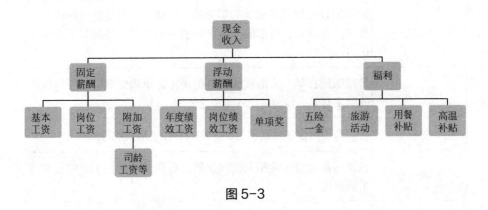

图 5-3

表 5-5 是和薪酬构成有关的名词的含义说明，每个公司可以根据需要自行选择相应的项目。

表 5-5　和薪酬构成有关的名词含义说明

名词	含义
现金收入	在岗者每年获得的所有现金形式收入的总额（税前）
固定薪酬	在岗者每年获得的不受业绩影响的固定现金收入
基本工资	在岗者获得的税前基本工资（不包括各种补贴）
岗位工资	根据员工岗位性质和内容不同，参考岗位相对价值发放
附加工资	对相比一般工作要做出特别付出的一种补偿
司龄工资	体现了员工与公司共同成长的历程，是对员工忠诚度的嘉奖和认可
保密津贴	员工保守公司的商业秘密以及与知识产权相关的保密事项

名词	含义
浮动薪酬	依据个人绩效结果，向在岗者支付的季度、半年度、年度绩效工资的总额
绩效年薪	针对年薪制员工而设立的，侧重于对公司高级管理人员和核心岗位员工的长期激励
岗位绩效工资	依据绩效考核结果确定的那一部分薪资，通常是岗位的岗薪基数的浮动部分，再乘以考核期内的考核结果，反映员工业绩的优劣
单项奖	旨在激励在某一方面成绩优异的员工，单项奖只对某一范围内的员工有效，作为其正式工资之外的一种激励
福利	公司为了留住和激励员工，采用的非现金形式的报酬
五险一金	依据国家社会保险相关法律法规，需要公司和员工及时足额缴纳的费用
企业年金	公司及员工在依法参加基本养老保险的基础上，自愿建立的补充养老保险制度
其他生活用品	体现公司的人文关怀，发放给员工的一般生活用品

8. 薪酬发展多通道设计

目前许多公司采用的是宽带薪酬制，这也是目前国际上比较通用的薪酬结构。在此薪酬结构下，相同的岗位，如果学历不同、工作年限不同，薪酬是有差别的。

一家公司只有一个总经理，一个部门只有一个部门经理，不可能所有人都挤破脑袋去做总经理或者做部门经理。薪酬发展多通道设计，就是为了解决在公司中"千军万马挤独木桥"的问题。

晋升渠道是各职系员工职业发展和薪酬增长的基础，行政人员既可以走行政专业通道，也可以转换为管理通道。各个晋升通道最终基本能达到同一个平台。薪酬发展通道示例见表 5-6。

表 5-6　薪酬发展通道示例

管理职能通道	行政序列	人力资源序列
总经理		
副总 / 总监	行政专家	人力资源专家
总助	高级行政	高级人力资源
部门经理（主任）		
经理助理（主任助理）	中级行政	中级人力资源
主管		
专员	初级行政	初级人力资源
助理	助理行政	助理人力资源

设计员工薪酬发展通道，可以帮助员工树立"只要本岗位业绩好，即使岗位不发生变化，薪酬也会随着业绩的提升不断上涨"的理念，打通员工薪酬发展的通道。例如：行政岗的薪酬既可以按照岗位职级界定，也就是随着行政助理、行政主管、行政经理、行政总监这样的职级一级一级地晋升而提升，也可以按照序列宽带薪酬一档一档地提升。

5.4 关于行政管理序列的套档流程

关于行政管理序列的套档流程，首先需要确立定档评价的规则，然后按照既定的规则对员工进行岗位定级。在 Z 公司的职能序列套档模型中（见表 5-7），司龄的权重仅为 5%，这一权重表明 Z 公司在评估员工时，并不特别重视其在公司中的工作年限。相反，Z 公司更关注员工的既往业绩表现，其权重高达 25%。而在所有评价指标中，上级领导的评分占比最大，达到了 40%，这表明 Z 公司在进行员工评价时，最注重的是职能序列中的上级领导对该员工的评价与看法。

表5-7　Z公司职能序列套档模型

因素	权重	1分	2分	3分	4分	5分
学历	10%	高中（中专）	大专	本科	硕士研究生	博士研究生
司龄	5%	1年≥x	3年≥x >1年	5年≥x >3年	7年≥x >5年	x>7年
工龄	10%	3年≥x	6年≥x >3年	10年≥x >6年	15年≥x >10年	x>15年
职称	10%	初级		中级		高级
既往业绩	25%	基本合格	合格	良好	优秀	卓越
上级领导评分	40%	基本合格	合格	良好	优秀	卓越
小计	100%					

行政管理序列套档示例

在 Z 公司，担任行政前台职务的员工 A 拥有大专学历，其加入 Z 公司已满 1 年。员工 A 在相关领域积累了 4 年的专业工作经验，尽管尚未获得任何正式的职称，但其过往的工作业绩被认定为合格，上级领导对员工 A 的工作表现的评价为合格。

表5-8详细列出了员工 A 的套档得分明细。该得分是根据其个人档案中所记录的各项指标和绩效评估结果，按照既定的权重计算得出的综合分数，最终得分为 17.5 分。

表5-8　套档得分明细表示例

因素	权重	1分	2分	3分	4分	5分	评分	得分
学历	10%	高中 (中专)	大专	本科	硕士 研究生	博士 研究生	2分	2分
司龄	5%	1年≥x	3年≥x> 1年	5年≥x> 3年	7年≥x> 5年	x>7年	1分	0.5分
工龄	10%	3年≥x	6年≥x> 3年	10年 ≥x> 6年	15年 ≥x> 10年	x>15年	2分	2分
职称	10%	初级		中级		高级	0分	0分
既往业绩 (正态分布)	25%	基本 合格	合格	良好	优秀	卓越	2分	5分
上级领导评分(正态分布)	40%	基本 合格	合格	良好	优秀	卓越	2分	8分
小计	100%							17.5分

注：评分与得分，均有相应的计算公式，本书不展开说明。

在初步设定员工的薪酬等级时，可依据每位员工所获的综合评分来确定其应处的级别和档位。以岗位甲7名员工的评分情况为例（如表5-9所示），该岗位的最高评分为100分。在岗位甲的薪资结构中，1级薪资分为3档：1级2档的月薪基数为3 200元；1级3档的月薪基数为3 350元；1级4档的月薪基数为3 500元。由此可见，每个档次之间的差额为150元。

具体来看，员工A的评价总得分为61.69分，而员工E的总评价得分为60.64分。这两位员工的得分相近，因此他们被划分到1级3档。员工C的总评价得分为63.35分，员工F的总评价得分为63.17分，他们的得分亦相近，被归入1级4档。

通过上述这种方式，可确保薪酬分配的公正性与合理性，同时也体现了对员工绩效的评价结果。

表5-9　岗位甲评分情况及薪档建议

岗位	员工	评价总得分	薪级	建议薪档	月薪基数 （单位：元）
岗位甲	员工A	61.69	1级	3	3 350
岗位甲	员工B	58.87	1级	2	3 200
岗位甲	员工C	63.35	1级	4	3 500
岗位甲	员工D	59.53	1级	2	3 200
岗位甲	员工E	60.64	1级	3	3 350
岗位甲	员工F	63.17	1级	4	3 500
岗位甲	员工G	58.90	1级	2	3 200

5.5　薪酬固浮比该如何设定

薪酬固浮比，即固定工资在总薪酬中所占的比例。不同的层级有不同的薪酬固浮比，职级越高，浮动部分的占比越大。这反映出职位越高，责任越重，个人收入与公司整体效益的联系也更为紧密。

表5-10为P公司的薪酬固浮比，其中固定工资的比例较低，而浮动部分的比例超过50%。这表明P公司员工的固定工资在其全年收入中占比较低，而绩效工资、奖金等在全年收入的占比较高。

此种薪酬固浮比模式更适合初创公司，或者现金流有限的公司。这类公司每月只能发放较低的工资，在年底对工资进行补齐或根据业绩结果发放浮动工资。然而，这样的薪酬结构有时可能会导致对薪资详情不了解的人员不敢应聘,从而使公司在招聘新员工时遇到困难。

表 5-10　P 公司薪酬固浮比

职层	管理序列	行政管理序列
高层	16：84	
中层	20：80	23：77
基层	48：52	46：54

表 5-11 是一家建筑公司的薪酬固浮比,该公司认为公司管理层对公司业绩的影响远远大于专员、助理级别的影响。所以专员薪酬浮动部分的比例只占年收入的 20%,助理薪酬浮动部分的比例只占年收入的 10%。

表 5-11　×× 建筑公司薪酬固浮比

职层	级别	行政部
总监	总监级别	60：20：20
经理	经理级别	60：30：10
主管	主管级别	70：30
专员		80：20
助理		90：10

许多公司不同部门间的薪酬结构存在显著差异。通常,行政部门由于与公司业绩的直接关联性较小,薪酬的变动幅度低于业务导向的部门。此外,基层员工的薪酬波动范围普遍不及管理层的。在公司的不同发展阶段,薪酬结构会有所不同:初创期的公司往往设置较低的固定薪酬比例和较高的变动薪酬比例;成熟期的公司则相反,倾向于提高固定薪酬比例,降低变动薪酬比例。

第六章　行政管理的绩效管理

绩效管理作为实现公司战略目标的关键工具，其核心在于将公司的年度战略目标分解至各个层级。具体来说，公司首先将年度目标细化为各部门的具体目标，随后各部门进一步将这些目标分解，确定为各岗位的绩效指标。在此框架下，公司对各层级的绩效进行严格的考核。值得注意的是，绩效管理构成了一个完整的闭环系统，其中考核仅是该系统中的一个环节。闭环中任何一个环节缺失都可能对绩效管理成效产生负面影响。

绩效考核结果应与员工的薪酬直接关联，以体现绩优薪优的原则。此外，绩效考核结果也可作为员工培训和职位调整的重要依据。通过定期进行的绩效沟通，可以帮助员工识别并改进工作中存在的问题，从而提升工作效率。

为确保员工能够明确知晓工作的重点与方向，必须设定清晰的绩效考核指标及相应的权重。之后，通过满意度评价机制，可以有效提升服务职能的工作质量，进而优化整体的服务效能。

行政管理岗位实施绩效管理时，首要任务是将公司的战略目标与行政管理领域现存的不足之处以及相关岗位职责相结合，以此来明确绩效考核的关键事项。

通常来说，业务部门和生产部门的绩效考核主要侧重于成果导向，而行政管理岗位的绩效考核须均衡地考量过程与结果，以及个人贡献与部门整体表现之间的关系。

在设定行政管理的绩效目标时，应逐级细化，即从公司整体至部门，再由部门具体到每一个岗位，确保每位员工都承担起明确的责任与目标，实现责任共担、目标共享。要做到千斤重担千人挑，人人头上有指标。

6.2 行政管理相关岗位的考核内容、考核指标和考核周期

1. 考核内容

（1）业绩考核。通过设定 KPI（关键业绩指标），定期衡量各岗位员工重要工作的完成情况，KPI 分为硬指标（定量指标）与软指标（定性指标）两类，将主要战略目标依次分解为部门级 KPI 和岗位级 KPI，保证战略目标落实到每一个岗位。

（2）计划任务考核。即对计划任务完成情况的考核，在每个考核期内动态衡量员工的计划与任务的达成程度和效果。

（3）能力态度考核。衡量各岗位员工完成本职工作所具备的各项能力、对待工作的态度、思想意识和工作作风等，每年度进行一次。

（4）部门满意度考核。主要考核各部门在日常工作中的配合、协调情况与效果，每年度进行一次。

2. 考核指标

（1）经营业务指标：指公司年度经营计划确定的当年度通过实施改善活动而须达到的各类量化的财务指标和业务指标，是衡量职责、流程、工作成果的参数，是工作效率和效果的体现，是结果指标，可以用量化数据表现出来。

（2）管理改进指标：指公司年度经营计划确定的当年度公司及分解到各职能部门、个人的管理改善活动及应达到的成果性指标，包括阶段性、过程性及难以量化的关键工作任务等。

（3）能力素质指标：是指对考核对象达成高绩效的关键胜任力的评定，通过工作行为评定，把相关人员的能力、个性、动机、态度等进行量化和定性，最终使得影响绩效的因素可控、可观察、可培养。

（4）部门评价指标：指各职能部门之间及各职能部门与各经营单位之间，由被服务部门对服务部门的服务质量进行评价的指标。

（5）员工培养指标：指管理人员需在每个考核期内实施对下属员工的培训活动计划，完成员工培养的阶段性目标。

（6）加、减分项：加分项是指员工在本职工作或本职工作之外的工作任务中有突出表现，由考核人提议，经相关部门和人员审核、审批的加分项目；减分项是指由于员工不合格的行为表现，对个人工作、部门或公司造成恶劣影响，由考核人提议，经相关部门审核、审批的减分项目。加、减分项目与该岗位的绩效考核指标不能重复。

各层级的考核指标不是完全相同的（示例见表6-1），决策层和事业部更多的是经营业务指标，管理层以上层级的考核都涉及员工培养指标，而部门之间的部门评价指标主要由部门管理层确定。

表6-1 各层级考核指标示例

层级	经营业务指标	管理改进指标	员工培养指标	部门评价指标	能力素质指标
决策层	▲	▲	▲		▲
事业部	▲	▲	▲		▲
部门管理层		▲	▲	▲	▲
员工层		▲			▲

3.考核周期

要结合公司的各种实际情况、工作周期等设置考核周期。层级不同，考核周期也不同。表6-2是某公司的考核周期。大部分公司的基层员工可以按照月度进行考核，也可以按照项目周期进行考核。

表6-2 某公司不同层级的考核周期

层级	考核周期
决策层	半年度 + 年度
事业部	半年度 + 年度
部门管理层	季度 + 半年度 + 年度
员工层	季度 + 年度

6.3 绩效考核结果的运用

绩效考核结果不仅和员工的绩效系数、绩效工资有关，还和员工的晋级、涨薪有关。

1.绩效考核结果对工资的影响

（1）季度绩效考核结果与季度绩效工资挂钩。

季度绩效奖金 = 季度绩效工资基数 × 季度绩效考核系数

季度绩效考核系数 = 季度绩效考核得分 /100

如果季度绩效考核得分低于 60 分，则没有季度绩效工资。

（2）年度绩效评估结果与年度绩效奖金挂钩。

员工年度绩效奖金 = 年度绩效工资基数 × 个人年度绩效考核系数 × 部门年度绩效系数 × 公司经营目标达成系数

年度绩效考核系数 = 年度绩效考核得分 /100

如果年度绩效考核得分低于 60 分，则没有年度绩效奖金。

个人年度综合考核系数区间参照表 6-3，公司年度经营目标达成系数区间参照表 6-4。

表6-3 个人年度综合考核系数表

个人年度绩效考核分数（X）	X＜60	70＞X≥60	80＞X≥70	90＞X≥80	100＞X≥90	X≥100
个人年度绩效考核等级	E 不合格	D 基本合格	C 合格	B 良好	A 优秀	
个人年度绩效考核系数	0	0.8	0.9	1	1.1	1.2

表6-4 公司年度经营目标达成系数表

公司年度经营目标达成率	X≤80%	90%≥X＞80%	100%≥X＞90%	120%≥X＞100%	X＞120%
公司年度经营目标达成系数	0	0.5	1	1.2	1.5

图 6-1 所展示的实例详细说明了一位年薪为 18 万元的高管的全年总收入如何受到绩效系数的影响。

该高管年薪的固定部分为 9 万元, 每月发放 7 500 元。浮动部分的 9 万元中的 3.6 万元平均分到 4 个季度, 每个季度的基数就是 9 000 元。当绩效考核结果达到系数 1, 则该季度的季度绩效工资是 9 000 元; 当绩效未达成或者超额达成, 则对照绩效分数和系数表进行计算。该高管第三季度的绩效考核系数是 0.8, 第一季度和第四季度的考核系数高于 1。季度绩效工资实际是 11 700+9 000+7 200+9 900=37 800 元, 比 3.6 万元多了 1 800 元。

进行年度考核时, 其年度绩效考核系数为 1.2, 则其年度绩效工资是 6.48 万元, 比 5.4 万元多了 1.08 万元。此种绩效设置及考核机制确保了绩效结果直接关联全年工资总额, 通过浮动绩效工资的方式更有效地激励员工, 使高绩效与高薪酬之间实现正向关联, 真正实现了绩优薪优。

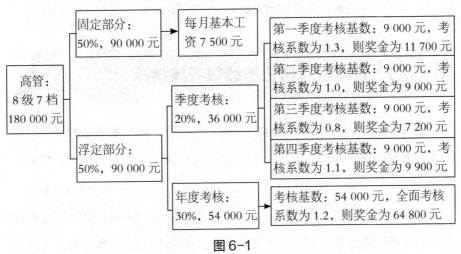

图 6-1

2. 绩效考核结果对晋级涨薪的影响

将考核分数在公司范围内进行排序, 并遵照正态分布的原则 (即大多数员工的绩效得分集中在平均值附近, 而得分极高或极低的员工相对较少。

遵照正态分布原则是为了解决有些部门打分严格，有些部门打分松，需要对绩效结果二次纠偏的问题），进行卓越、优秀、良好、合格、不合格的划分（见表6-5）。比如，考核结果优秀的员工当年就可以晋升一档，考核结果良好的员工两年可以晋升一档，考核结果为合格的员工三年晋升一档，考核结果为不合格的员工当年要降一档，连续两年考核结果为不合格的员工采用退出机制。这样做，体现出奖罚分明的绩效考核导向。

表6-5 年度绩效等级划分

绩效等级	定义	描述	得分
A	卓越	业绩明显高于其他的人	X > 90
B	优秀	绩效表现超过大多数同事	90 ≥ X > 80
C	良好	基本能达到或有时超出绩效目标	80 ≥ X > 70
D	合格	与他人相比，绩效结果较差	70 ≥ X > 60
E	不合格	绩效结果未能满足最低要求	X ≤ 60

6.4 行政管理岗位的绩效考核指标

考核什么指的是建立考核指标体系，可以参考岗位说明书和职能分解表来确定岗位的考核指标；怎么考核指的是确定考核关键点；谁来考核指的是明确考核关系；而考核结果怎么运用指的是考核结果的指导方向。

表6-6、表6-7、表6-8、表6-9、表6-10、表6-11分别是综合部的部门考核指标示例、综合部经理岗考核指标示例、总经理秘书岗考核指标示例，以及人事管理岗、行政管理岗、行政网管岗考核指标示例，供大家参考。其中"目标值"的权重占比单项不应小于5%，占比太小，被考核者会忽视此项考核。

表 6-6 综合部部门考核指标示例

指标维度	指标名称	权重 %	目标值（b）	单位	考核频率	信息来源	实际完成（a）	单项得分（a/b）× 权重	行动计划
财务类	成本预算达成率	5%	95%						
	管理费用（行政）		80%						
客户类	副总以上差旅接待	10%	影响情况：打分			客户评价、客户满意度			
	公司公共环境维护效果	5%							
内部运营类	固定资产管理的建立	5%							
	公共设施维修、保养计划完成率								
	公共设施维修及时性								

（续表）

指标维度	指标名称	权重%	目标值（b）	单位	考核频率	信息来源	实际完成（a）	单项得分(a/b)×权重	行动计划
	培训目标达成率	5%	100%			除特殊情况,出差			
	主管以上人员的稳定性		流失率0						
学习发展类	人才梯队建设	10%	60%			直接下属人员休假或不在岗期间,其下属能承担60%以上的工作			
	员工满意度	10%							
其他方面	任职资格	50%	100%			人力资源部提出各岗位任职资格证要求			

表 6-7　综合部经理岗考核指标示例

指标 名称	指标解释	目标值	权重	考核 频度	数据 来源
部门计划 完成率	上级领导根据计划完成数量和质量进行评价			月度、 季度、 年度	上级评价
考核、薪酬核 算的准确率	每无故延迟 1 天扣（ ）分；出现薪资计算差错人数／当期总人数 ×100%，每 0.05% 扣（ ）分，如果当月未出现 1 次错误加（ ）分			月度、 年度	差错情况 统计表
绩效考核及时 性、准确性	每无故延迟 1 天扣（ ）分；每发生 1 次错误扣（ ）分			季度、 年度	综合部统 计数据
绩效管理指标 科学性和修改 及时性	根据及时性等要素进行直接评分。及时修订绩效考核表则为满分；如果修订不及时，则根据界定的时间每延时 1 天扣（ ）分			季度/ 年度	各部门
培训计划 完成率	实际完成的培训数量／全部培训计划数 ×100% －目标值，每少 1% 扣（ ）分			月度、 年度	综合部统 计数据、 上级评价
关键岗位招聘 计划完成率	录用人数／计划招聘人数 ×100% －目标值，每多 1% 加（ ）分，每少 1% 扣（ ）分			月度、 年度	综合部统 计数据
公司后勤保障 工作的成效	确保公司设备正常运行，保障会务成效。差错次数 = 目标值，得（ ）分；超过目标值（ ）次，扣（ ）分；超过目标值（ ）次，不得分			月度、 年度	综合部统 计数据、 上级评价
派车的及时性、 合规性	及时派车，遵守用车规范，严禁出现无故延迟派车、出车手续不齐全、公车私用的情况，以及去程、返程不受控等违规现象			月度、 年度	综合部抽查 派车表单

指标名称	指标解释	目标值	权重	考核频度	数据来源
部门费用与预算的差异率	当期实际发生的部门费用／当期部门费用预算 ×100%，每增1%则扣10分，每减1%则加10分（在总务部实行预算之前，暂时不考核）			月度、年度	预算资料，财务部提供数据
后勤基础工作计划完成进度	完成进度／计划进度 ×100% —目标值，每减少1%，扣（ ）分			月度、年度	部门计划、上级评价
内部协作满意度	被协作部门的人员投诉1次，扣除（ ）分，分数扣完为止（仅包括工作态度、责任心等方面的投诉）			月度、年度	品质部数据
部门员工培训计划完成率	部门实际完成的培训课时数／计划培训课时总数 ×100% —目标值，每减少1%扣（ ）分			月度、年度	综合部数据
异常情况反馈及时性	未能将本部门的异常突发情况反馈给上级，1次扣（ ）分，分数扣完为止			月度、年度	上级评价
合理化建议	提出对流程和标准化等方面的有效建议，被上级采纳1条加（ ）分			月度、年度	上级评价

表6-8 总经理秘书岗考核指标示例

指标名称	指标解释	目标值	权重	考核频度	数据来源
公文行文规范度	1.差错次数小于目标值（ ）次，加（ ）分；2.差错次数等于目标值，得（ ）分；3.差错次数大于目标值（ ）次，减（ ）分			月度	差错情况统计表

指标名称	指标解释	目标值	权重	考核频度	数据来源
文件传递、催办的及时性和准确性	（文件批转不及时次数＋出现传递失误次数）/（公文批转总次数＋传递总次数）×100%			月度、年度	差错情况统计表
公司接待及礼宾活动管理	1.差错次数小于目标值（ ）次，加（ ）分；2.差错次数等于目标值，得（ ）分；3.差错次数大于目标值（ ）次，减（ ）分			月度、年度	综合部统计数据
公司会议管理	1.差错次数小于目标值（ ）次，加（ ）分；2.差错次数等于目标值，得（ ）分；3.差错次数大于目标值（ ）次，减（ ）分			月度、年度	综合部统计数据
总经理交办工作完成的及时性	1.差错次数小于目标值（ ）次，加（ ）分；2.差错次数等于目标值，得（ ）分；3.差错次数大于目标值（ ）次，减（ ）分			月度、年度	综合部统计数据
下发通知的正确性和及时性	1.差错次数小于目标值（ ）次，加（ ）分；2.差错次数等于目标值，得（ ）分；3.差错次数大于目标值（ ）次，减（ ）分			月度、年度	综合部统计数据

表 6-9 人事管理岗考核指标示例

指标名称	指标解释	目标值	权重	考核频度	数据来源
员工人事档案管理工作的评价	根据有关规定，将员工档案及时归档，科学分类，严格执行借阅、使用手续，确保完整、保密			月度	上级评价

指标 名称	指标解释	目标值	权重	考核 频度	数据 来源
考勤提交及 时、准确	在规定时间内提交考勤结果，推迟 提交1天，扣（ ）分；出现错误1 次，扣（ ）分			月度、 年度	综合部统 计数据
招聘计划完 成率	录用岗位数／计划招聘岗位数 ×100%—目标值，每增1%则加（ ） 分，每减1%扣（ ）分			月度、 年度	招聘计划
招聘新进员 工试用不合 格率	当月未通过转正新员工的人数／过 去3个月新入职人数×100%—目 标值，每增1%则扣（ ）分，每减1 %则加（ ）分			月度、 年度	综合部统 计数据
培训计划完 成率	培训人数／计划培训人数×100%— 目标值，每增1%则加（ ）分，每 减1%则扣（ ）分			月度、 年度	综合部统 计数据
招聘、培训 渠道拓展	实际按时完成拓展渠道／全部计划 拓展渠道数×100%—目标值，每 增1%则加（ ）分，每减1%则扣 （ ）分			月度、 年度	综合部统 计数据
员工花名册 提交及时、 准确	每无故延迟1天，扣（ ）分；每发 生1次错误，扣（ ）分			月度、 年度	综合部统 计数据
员工入职、 转正、调动、 离职等手续 办理及时、 有效	每无故延迟1天，扣（ ）分；每发 生1次错误，扣（ ）分			月度、 年度	综合部统 计数据
人力资源管 理基础工作 完成进度	实际完成进度／计划进度×100%— 目标值，每减1%，扣（ ）分			月度、 年度	上级评价

表 6-10　行政管理岗考核指标示例

指标名称	指标解释	目标值	权重	考核频度	数据来源
公司后勤保障工作的成效	每天确保饮用水、供电等设备正常，根据实际执行情况由部门经理进行评价			月度	上级评价
登账及时、准确	各部门领用物品需及时登记入账，确保数据准确无误。误登、漏登、错登1次扣（ ）分			月度、年度	综合部门统计
办公用品采购及时、准确	每无故延迟一天，扣（ ）分；每发生1次错误，扣（ ）分			月度、年度	办公室用品采购清单
信息传递工作正确率	信息传递工作失误次数/信息传递工作总次数×100%，每增1%则扣（ ）分，每减1%则加（ ）分			月度、年度	综合部统计数据
协助接待工作完成情况	差错次数小于、等于目标值，得（ ）分；差错次数每超过目标值（ ）次，扣（ ）分；差错次数超过目标值（ ）次，不得分			月度、年度	差错情况计表
办理领用手续的合规性	各部门按公司规定要求办理相关领用手续后，凭审批后的领用单领发物资，开具出库单。出现1次不规范或违规行为扣（ ）分			月度、年度	综合部门统计
档案管理完整率	档案完整率＝完整的档案数量/抽查的档案总数×100%，每增1%则加（ ）分，每减1%则扣（ ）分			月度、年度	综合部门统计

表 6-11　行政网管岗考核指标示例

指标名称	指标解释	目标值	权重	考核频度	数据来源
计算机设备维护有效性	每月对公司主要的计算机设备进行维护、检查1次，由部门经理评价			月度	上级评价
数据备份的及时性	每日按规定对数据库进行数据备份，根据实际执行情况，由直接上级进行评分			月度、年度	上级评价
公司信息化工作完成率	实际完成进度／计划进度×100%—目标值，每减少1%，扣（　）分			月度、年度	综合部统计数据
信息化培训计划按时完成率	未按时完成的培训次数／全部培训计划次数×100%—目标值，每减少1%，扣（　）分，每增加1%，加（　）分			月度、年度	综合部统计数据
计算机故障解除有效性	及时、有效处理公司各部门、店铺计算机系统出现的故障，确保日常工作的正常运作			月度、年度	综合部随机调查
人力资源管理基础工作完成进度	实际完成进度／计划进度×100%—目标值，每减少1%，扣（　）分，每增加1%，加（　）分			月度、年度	上级评价

第七章　任职资格体系到底如何制定、如何运用

员工在工作中常有一些疑问，例如：为什么我总是得不到提升，也得不到高薪？为什么我做事，老板总不满意？为什么我总是缺少职业竞争力？为什么我频繁跳槽，却总找不到满意的工作？为什么他人的学历不如我的，但现在的收入却超过我的？

很多人存在上述疑问，却苦于找不到解决办法。

锡恩公司率先提出了"专业九段"任职资格体系，就是在分析公司未来发展战略的基础上，提炼出公司的核心能力，将这些能力植入员工成长机制中，将员工的能力划分成不同的级别、段位，这是一种将公司战略目标与员工自我成长相结合的机制。

7.1 任职资格体系对公司、人力资源管理以及员工的作用

1. 任职资格体系对公司的作用

任职资格体系对公司来说，是基业长青的动力和必要因素，是公司实

现专业人才批量生产的机制，是可以让员工自动、自发地工作、成长的机制，可为公司的薪酬、招聘以及员工的晋升和职业生涯规划提供科学依据，可帮助公司解决因行政管理岗位有限而产生的骨干员工晋升难、留住难的问题。

2. 任职资格体系对人力资源管理方面的作用

（1）任职资格体系为招聘、考核、培训、晋升、薪酬、职业生涯规划等人力资源管理工作提供依据，实现招聘调配、薪酬福利、绩效考核和培训发展等人力资源模块的系统运行。

（2）在肯定每一位员工对公司的贡献的同时，也表明拥有不同专业能力水平以及不同业绩表现的员工对公司的贡献大小是不同的。根据行政管理序列任职资格体系标准区分员工的专业能力，并通过实施差异化的薪酬待遇，对不同职位等级的员工实施科学、合理的激励。

（3）为员工设立明确的职业发展目标，形成动态的员工职业生涯发展机制和牵引机制，建立优胜劣汰的竞争机制，促进员工能力、素质持续增强，逐步建立多支高素质、职业化的核心人才队伍。

3. 任职资格体系对员工的作用

（1）可让员工从被动成长、被动驱动转变为自我成长、自我驱动。

（2）可为员工开通从业余选手走向职业选手的成长路径，让员工更专业，更具市场竞争力。

（3）可让员工清楚地知道干多干少、干好干坏大有不同。

（4）可让员工一入职就知道自己的职业发展方向，知道应该做什么、怎么做，知道做了之后能获得什么样的好处。

总的来说，任职资格体系可使员工变得职业化，员工可按照公司设计的路径完成职业规划，实现公司和员工共赢。

任职资格体系的核心思想是：在分析公司未来发展战略目标的基础上，提炼出公司的核心能力，然后将这些能力植入员工成长机制中，进而将对员工的能力要求划分成不同的级别，使员工实现自主成长，从而实现公司的战略目标。

任职资格体系的内容由角色级别描述、基本条件、知识标准、行为标准、技能标准、职业化标准、专业化成果这几部分组成，描述的是每个序列不同级别的员工应该知道哪些知识，包括专业经验与成果、职称、学历、知识、技能等，以及能够做到什么程度。见表7-1。

表7-1　某段位任职资格体系

角色级别描述				
基本条件				
维度1：知识标准				
知识模块	详细描述	出处	考查方式	合格标准
维度2：行为标准				
行为模块	行为要项		考查方式	合格标准
维度3：技能标准				
技能项目	技能描述			达标关键点

	维度4：职业化标准	
项目	具体描述	达标关键点
	维度5：专业化成果（业绩成果）	
项目	具体描述	达标关键点

任职资格体系对每个岗位的员工所要求的能力是不一样的，不同层级的员工应该具备不同的能力素质。如果把行政管理的岗位按九段的概念来划分，可以有多种划分方法，较为常用的划分方法就是先将该岗位分为初级、中级、高级，再将每一级分别分为三个层段，就变成了九段任职资格体系。

但不一定必须分为九个段位，有的公司也实行四段任职资格体系，如表7-2（表中的数字分别代表每个段位，在填其他表时使用）所示；有的公司也分为初级、中级、高级、专家级和权威级，如表7-3所示。

表7-2 四段任职资格体系

职类	段位序列	对应岗位	一段	二段	三段	四段
管理类	经营管理序列	总裁	1	2	3	4
		副总裁				
		总裁办主任				
专业类	行政序列	行政助理	1	2	3	4
		总裁秘书				
		前台				
		行政专员				
		行政主管				

表 7-3　各段角色级别描述

级别	段位	角色级别描述
初级	一段	
	二段	
中级	三段	
	四段	
高级	五段	
	六段	
专家级	七段	
	八段	
权威级	九段	

7.3 角色级别定义和基本条件如何描述

任职资格标准中的角色级别指的是员工承担某一等级的职务或从事某岗位的工作所必须具备的资格和能力。

角色级别定义的含义指的是用概括性的语言说明各角色级别的基本特点，以对各级别进行区别。

角色级别定义的目的是描述角色级别，并使人理解角色级别与职位之间的对应情况。

大致可以从以下五个方面对角色级别进行定义：

（1）掌握知识与技能的深度和广度；

（2）所解决问题的难度、复杂性，以及解决问题时的熟练程度；

（3）能够承担的职责；

（4）在专业领域中的地位、影响力；

（5）在业务变革、战略规划中的作用。

表7-4和表7-5是角色级别描述和基本条件的模板示例。

表7-4 各角色级别描述的模板示例

级别	段位	角色级别描述
初级	一段	了解完成工作所需的专业理论知识，例如：……（列举具体专业名称等）； 了解完成工作所需的技能； 了解完成工作所需的内部专业知识，例如：公司制度、工作流程、本岗位工作相关知识，如产品知识、质量体系等； 能够完成日常基础工作，例如：模块1、2、3； 能够在适当的指导下完成复杂工作、解决特殊问题，例如：……
	二段	熟悉完成工作所需的专业理论知识，例如：……（列举具体专业名称等）； 熟悉完成工作所需的技能； 熟悉完成工作所需的内部专业知识，例如：公司制度、工作流程、本岗位工作相关知识等； 能够完成日常工作，例如：模块1、2、3、4； 能够解决日常问题、突发问题，例如：……
中级	三段	掌握完成工作所需的专业理论知识，例如：……（列举具体专业名称等）； 掌握完成工作所需的技能； 熟悉完成工作所需的内部专业知识，例如：公司制度、工作流程、本岗位工作相关知识等； 能够完成整体工作，例如：全部模块； 能够指导他人完成日常工作，例如：…… 能够对工作中的优秀经验进行总结和积累，例如：……
	四段	掌握完成工作所需的专业理论知识，例如：……（列举具体专业名称等）； 掌握完成工作所需的技能； 掌握完成工作所需的内部专业知识，例如：公司制度、工作流程、本岗位工作相关知识等； 掌握行业、客户、竞争对手的情况，例如：…… 能够组织、培训、激励团队有效完成工作目标； 能够对本部门的制度、流程、方法、工具提出建议。

级别	段位	角色级别描述
高级	五段	精通完成工作所需的专业理论知识，例如：……（列举具体专业名称等）； 精通完成工作所需的技能； 掌握完成工作所需的内部专业知识，例如：公司制度、工作流程、本岗位工作相关知识等； 掌握本行业层面的政策、本行业发展趋势，例如：…… 能够综合组织、调配资源保障部门运营，例如：…… 能够对本部门的制度、流程、方法、工具等进行完善，具备一定的预见性以及危机预警方案的制定能力； 能够对关联部门工作提出指导性建议，例如：……
	六段	精通完成工作所需的专业理论知识，例如：……（列举具体专业名称等）； 精通完成工作所需的技能； 掌握完成工作所需的内部专业知识，例如：公司制度、工作流程、本岗位工作相关知识等； 掌握国家宏观经济政策、上下游产业发展趋势，例如：…… 能够参与公司战略制定、分解、跟踪实施、反馈，例如：…… 在行业内具备一定影响力，例如：发表论文，出版专著等。
专家	……	……
权威	……	……

说明：各角色级别定义内容包括掌握本领域内知识、技能的深度和广度，能够解决的问题的难易程度，在本领域内的地位、影响力，在业务变革、战略规划中的作用，以及能够承担的职责，等等。

表7-5 各角色级别基本条件的模板示例

级别	段位	基本条件			
		教育背景及专业	行业经验	本职位从业经验	其他特殊要求
初级	一段	____学历，____专业			____资格证书，_____职称
	二段	____学历，____专业			____资格证书，_____职称

级别	段位	基本条件			
		教育背景及专业	行业经验	本职位从业经验	其他特殊要求
中级	三段	____学历, ____专业			____资格证书, ____职称
	四段	____学历, ____专业			____资格证书, ____职称
高级	五段	____学历, ____专业			____资格证书, ____职称
	六段	____学历, ____专业			____资格证书, ____职称
专家	……	……			……
权威	……	……			……

表 7-6 也是各角色级别描述的示例，基本按了解、熟悉、掌握、精通这几个层级进行递进式描述。表 7-7 是对段位的基本条件描述示例，从教育背景及专业、行业经验、本职位从业经验和资质证书来进行说明，并根据相应的段位需要进行区别。

表 7-6　角色级别递进式描述示例

级别	段位	角色级别描述
初级	一段	了解公司相关规章制度、流程及核心产品； 熟悉本岗位工作涉及的基本知识，熟悉本岗位工作涉及的工作技能； 能够完成本岗位工作范围内的日常工作，如会务准备、档案管理、办公用品领用等； 能够解决工作中明确、较简单的问题和沟通事项，能够在适当的指导下完成本岗位非常规及有一定难度的工作。
中级	二段	熟悉公司相关规章制度、流程及核心产品； 掌握本岗位工作范围内所涉及的操作方法及常用工具； 能够承担行政事务管理的主体工作，能够独立处理工作范围内较复杂、有难度的工作； 能够对工作中产生的问题提出合理化建议。

级别	段位	角色级别描述
中级	三段	掌握公司相关规章制度、流程及核心产品； 掌握行政管理、商务洽谈等知识； 熟悉商务沟通方法及技巧，能够维护公司与政府或外部合作机构的良好关系，保证相关业务的正常进行； 能够对工作中的优秀经验进行总结和积累，能够对部门相关工作流程和管理办法提出改进建议； 能够处理工作范围内的突发事件。
高级	四段	精通公司相关规章制度、流程及核心产品； 能够从制度、流程等管理层面对行政工作进行规划指导，能够对现有制度和流程提出优化方案； 具备一定的预见性与危机预警能力，能够建立突发事件的风险防范体系； 能够根据公司年度战略目标及中长期发展战略，制定科学合理的行政发展规划； 能够找出提高行政工作效率和绩效的方案或突破口，能够指导他人进行行政管理机制的建设并能不断优化，排除管理瓶颈。

表 7-7　对段位的基本条件描述示例

段位	教育背景及专业	行业经验	本职位从业经验	资质证书
一段	本科，专业不限	无要求	无要求	无要求
	大专，专业不限	无要求	1年以上	无要求
二段	本科，行政管理、企业管理相关专业	无要求	3年以上	无要求
三段	本科，行政管理、企业管理相关专业	1年以上化工行业经验	5年以上	无要求
四段	本科，行政管理、企业管理相关专业	3年以上化工行业经验	8年以上	无要求

7.4 任职资格体系标准的核心

任职资格体系从五个维度制定了标准（如图7-1所示），分别是知识标准、行为标准、技能标准、职业化标准和专业化成果／业绩成果。每个标准分别包含渐进式的要求，对处于不同层级的人员所要求具备的行为能力、技术能力等分别不同。员工升段时，公司也是从这五个维度进行考量的。

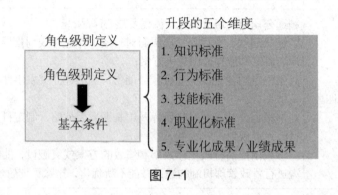

图7-1

1. 知识标准

知识标准是对知识的深度和广度的具体拆分，是对员工在专业领域和相关领域知识方面的要求。主要从三个方面进行拆分：专业知识、公司知识、周边知识。示例见表7-8。

专业知识：指的是为完成本职工作所必须具备的专业知识，如人力资源的专业知识。

公司知识：指的是为更好地完成工作必须了解的公司相关制度与政策、工作流程、政策、工作手册、产品知识、行业基础知识、组织架构、企业文化等。

周边知识：指的是并非核心工作需要，但是对核心工作提升可能有帮助的或者在实际工作中需要的某项技能、需要掌握的知识，如人力资源工作需要懂财务基本知识，需要了解竞争对手的情况以及国际惯例、国家的法规和政策等。

表 7-8　知识标准示例

知识模块	具体知识模块	必备知识	出处	考查方式	合格标准
公司知识	公司背景	公司的历史，例如：公司成就、公司荣誉、公司大事记等； 公司的现状，例如：组织架构，领导分工等	公司宣传册、集团及各分公司网站、员工手册	闭卷笔试及绩效面谈	每年2次，管理人员90分为优秀，80分为良好，70分为及格，只有达到相应的分数，评价才能通过
	公司文化	公司的使命与愿景； 公司的价值观； 公司的发展战略； 公司的人才观； ……	公司宣传册、集团及各分公司网站、员工手册		
	规章制度	员工行为准则； 人力资源管理制度，例如：薪酬制度、绩效考核制度等； 行政管理制度，例如：快递管理制度等； 财务制度，例如：出差的报销制度等； 合同管理制度； ……	员工手册、公司共享平台、员工共享文件、公司官方网站		
	业务和产品	公司业务，例如：主营业务、优势业务、种子业务以及核心业务的现状和未来发展方向等	公司宣传册、集团及各分公司网站、董事长年度讲话、本岗位标准及工作流程		

2. 行为标准

（1）行为标准是对于某种行为所规定的标准或规范，行政管理序列的行为模块是按照公司的核心行为来划分的。

表7-9是某公司行政事务管理和后勤事务管理两个行为模块的行为要项对比示例。表7-10和表7-11是某公司行政管理序列中的行政事务管理和后勤事务管理中相关行为模块中的各段位的对比，以及各段位需要具备的行为要项和行为标准的描述示例。

表7-9　某公司行政事务管理和后勤事务管理行为模块的行为要项对比示例

行为模块	行为要项			
	一段	二段	三段	四段
行政事务管理	行政事务处理	办公用品采购	行政事务处理	行政规划
	无	会议及活动管理	机制建设	机制建设
	无	制度建设及优化	对外沟通	无
后勤事务管理	安全卫生管理	安全管理	后勤事务处理	机制建设
	消防安全管理	行政后勤预算管理	机制建设	无
	车辆管理	无	无	无

（2）各段位行为模块描述。有行为模块，就一定有对行为的描述以及相应的行为标准。描述行为标准时一定要有动词。例如以下几种。

表述一：喜欢挑战自我，有内驱力，渴望上进。

表述二：一贯坚持将手头的项目或任务按时完成。

表述三：经常与他人商讨项目的工作进度和目标。

表述四：目标导向，具有强烈的成就欲望。

表述五：对实现最终结果的方法提出疑问。

表述六：可明确指出下属的哪部分工作没有到达目标和要求。

表述七：希望达成目标并取得成功。

表述八：愿意排除前进道路上的一切障碍。

表 7-10　某公司行政事务管理模块的行为要项和行为标准描述示例

段位	行为要项	行为标准描述	达标关键点
一段	行政事务处理	按照公司的相关规章制度及流程，落实办公用品入库及领用、办公设施登记、档案管理、日常会议及活动安排等行政事务性工作	上级满意度 85%
二段	办公用品采购	寻找并优化供应商，沟通、洽谈并进行办公用品、办公设施的采购，确保采购及时、质量合格	采购及时率、采购差错率
	会议及活动管理	筹划并组织公司级大型会议及活动，确保组织有序，会务活动无差错，内部客户满意度高	举详细案例
	制度建设及优化	对行政工作中发生的问题提出改善建议，简化程序，提高效率及内部客户满意度	举详细案例
三段	行政事务处理	指导他人开展日常行政事务工作，对行政管理范围内的突发事件及重点、关键工作进行把关，提出解决思路或方案	举详细案例
	机制建设	对工作中的优秀经验进行总结，对部门相关工作流程和管理办法提出改进建议	提交相关资料
	对外沟通	维护公司与政府或外部合作机构的良好关系，保证相关业务正常开展	上级评价

段位	行为要项	行为标准描述	达标关键点
四段	行政规划	根据年度战略目标及中长期发展战略，制定科学合理的行政发展规划，对行政工作进行规划和指导	提交发展规划
	机制建设	对现有制度和流程提出优化方案，找出提高行政工作效率和绩效的方案或突破口；指导他人进行行政管理机制建设并不断优化，排除管理瓶颈	上级评价
		具备一定的预见性和危机预警能力，建立突发事件的风险防范体系	上级评价

表 7-11　某公司后勤事务管理模块的行为要项和行为标准描述示例

段位	行为要项	行为要项描述	达标关键点
一段	安全卫生管理	监督并检查公司办公区域环境、食堂等卫生状况，并排查安全隐患，保障员工办公环境整洁、食品安全	客户满意度90%
	消防安全管理	根据公司和消防部门的规定，定期或不定期组织公司员工开展消防安全知识培训及考核	列举事例
	车辆管理	根据公司用车管理制度，负责公司日常办公用车的安排、调配工作，并做好车辆管理记录	客户满意度85%
二段	安全管理	根据工作实践，制订公司消防安全及食堂卫生知识培训计划，制定考核标准，出具标准文本，组织开展公司食堂卫生安全及消防安全工作，预防隐患	举详细案例
	行政后勤预算管理	拟定行政后勤预算，监督预算执行情况，确保支出合理	预算控制率

段位	行为要项	行为要项描述	达标关键点
三段	后勤事务处理	指导他人开展日常行政事务工作，对行政后勤管理范围内的突发事件及重点关键工作进行把关，提出解决思路或方案	举详细案例
	机制建设	对工作中的优秀经验进行总结，对部门相关工作流程和管理办法提出改进建议	提交相关资料
四段	机制建设	具备一定预见性与危机预警能力，建立突发事件的风险防范体系	上级评价

每一条行为标准应尽可能描述清楚四个方面的内容（见图7-2），即行为内容（做什么）、行为方式（怎么做）、行为结果（输出成果如何），以及衡量标准（输出成果的质量如何）。

每个工作模块不同段位之间存在的差异一般如下：高段位的人员能做低段位的人员做不了的事情；一些事情，高段位的人员与低段位的人员都能做，但是高段位的人员会比低段位的人员做得更好。

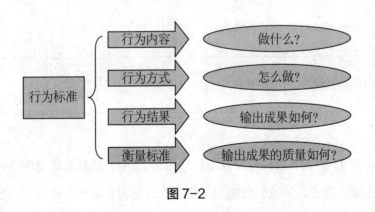

图7-2

3. 技能标准

专业技能是已经掌握并运用的实际工作能力，不含素质能力。

技能标准的级别划分原则如下：①实践过的，在有协助的情况下的运作能力；②无须协助的运作能力，可以完成大多数任务；③独立的运作能力，可以带领和指导其他人有效运作；④具有正确的评判能力，能够总结出有用的改进意见，能被其他人当作磋商者，可以给出专家级的意见，能领导其他人完成任务。

不同段位拥有的技能项目示例见表7-12。

表7-12　不同段位拥有的技能项目示例

段位	技能项目				
	技能1	技能2	技能3	技能4	技能5
一段	沟通能力	分析能力			
二段	沟通能力	分析能力	专业知识运用能力		
三段	沟通能力	计划能力	总结分析能力		
四段	沟通能力	统筹能力	决策能力	机制建设能力	

表7-13为人力资源专业技能，共包含12项：信息系统管理能力、办公软件操作能力、绩效管理能力、薪酬管理能力、培训管理能力、报表分析能力、职业生涯规划设计能力、成本控制能力、人力资源战略与规划能力、人力资源配置能力、机制建设能力以及组织协调能力。不同的段位需拥有相应的、不同的能力。

表 7-13　人力资源专业技能

段位	技能项目	技能描述	达标关键点
一段	信息系统管理能力	能够回答内部外客户关于信息系统的简单问题，根据既定规划进行数据备份； 检测并报告非法使用和侵入的情况； 能够按要求管理员工的基本信息以及必要的变动信息，管理员工的文书档案，做到信息记录全面、准确，档案健全、规范，分类明晰、便于查阅	解答问题无误； 资料备份记录； 非法侵入记录； 抽查必要信息； 档案完整率 100%
	办公软件操作能力	熟练使用 Office 办公软件，包括 Word、Excel	提交 Word 制作的文档、Excel 做的工资表等文档 1 份
	绩效管理能力	了解公司战略，熟悉公司现有的绩效衡量指标	提交绩效指标学习总结 1 份
	薪酬管理能力	有从外界获取市场薪酬福利行情的渠道，了解公司现有的工作评估方法，了解公司现有的薪酬体系和结构	提交薪酬相关学习笔记 1 份
	培训管理能力	了解目前公司可以利用的培训资源，了解学习对于公司长期发展的重要性	提交学习笔记及培训资源详细列表 1 份
	报表分析能力	能够及时录入新员工信息，及时更新人员信息库，准确无误地出具公司内各类人员的信息和工资报表	各类人员信息和工资报表数据准确无误

段位	技能项目	技能描述	达标关键点
二段	信息系统管理能力	维护员工目录，确保用户身份调整时，对应的权限也进行相应的调整； 能够进行安全性测试和更新有关信息系统，预先防范有关风险； 能够根据既定的分析步骤，确定信息系统的服务绩效	抽查时员工目录准确率100%； 提交系统安全测试、更新记录； 提交系统常见问题手册
	办公软件操作能力	熟练使用 Office 办公软件，包括 Word、Excel、PPT 等，能够完成简单的文档录入、数据录入，能制作 PPT 文档	提交 Word 文档、Excel 表格、PPT 文档各 1 份
	人力资源配置能力	了解人力资源规划对于人力资源配置的指导意义，能够通过多渠道获得劳动力市场数据	提交劳动力市场数据分析报告
	绩效管理能力	收集、整理、评估数据，了解绩效管理的通用流程和方法	提交绩效管理流程与方法总结 1 份
	薪酬管理能力	能够回答公司员工提出的有关薪酬福利的问题	解答疑问无误
	培训管理能力	能够及时获得员工对于培训的反馈意见，为培训活动的开展提供后勤服务	提交培训反馈意见总结 1 份 / 次，下游评价满意
	职业生涯规划设计能力	在他人指导下，根据公司战略，制定出个人职业生涯规划	提交个人职业生涯规划，上级审核
	机制建设能力	能够在他人指导下完善本岗位简单的工作流程，提出合理的建议或总结出标准作业规范（SOP）	合理建议 2 条以上，SOP 1 项以上，并被公司采用

段位	技能项目	技能描述	达标关键点
三段	人力资源战略与规划能力	了解公司的战略规划，知晓公司定位以及未来的发展方向； 能够对现有人力资源构成情况进行分析总结	提交符合公司战略的人力资源构成情况分析报告
	信息系统管理能力	建立用户目录，确保符合既定的数据安全管理制度； 通过有关手段确保数据安全和完备； 根据已有的绩效，通过有关措施，分析现有信息系统的缺陷	抽查时用户目录完备率100%； 提交信息系统分析报告
	办公软件操作能力	能使用办公软件，如Office中的Word、Excel、PPT等，能进行Word文档的修饰、Excel数据的计算	现场上机操作，提交Word、Excel、PPT文档各1份，且符合要求
	人力资源配置能力	了解现有人力资源配置、构成情况及不同的招聘流程，并根据既定标准筛选简历	简历筛选结构汇报
	绩效管理能力	能分析现有绩效指标的执行情况及其对公司整体运营的影响	提交绩效指标的执行情况及其对公司运营影响分析报告1份
	薪酬管理能力	根据既定分析目标和方法，对新增福利的市场行情进行分析；根据具体的评估方法，对新增岗位进行评估	提交新增福利市场行情分析报告、新增岗位评估报告各1份
	培训管理能力	根据具体的培训内容，选择培训方式； 能将自己好的经验与做法以PPT或Word的形式讲解给同事	讲解3次以上，且同事掌握80%的内容
	职业生涯规划设计能力	根据公司战略，能够独立制定出个人职业生涯规划	将个人职业生涯规划提交给上级审核
	机制建设能力	能够就1个以上的职能独立提出完善的管理制度或机制、方案	提出方案2项以上，并被公司采用
	组织协调能力	能独立组织、协调本部门人员在1个以上的职能模块开展工作	实际操作评价通过

（续表）

段位	技能项目	技能描述	达标关键点
四段	人力资源战略与规划能力	能够参与制定人力资源战略，并对年度规划构成进行分析	提交符合公司战略的人力资源年度规划构成分析报告
	办公软件操作能力	能使用办公软件，如 Office 中的 Word、Excel、PPT 等，能够进行数据的计算，能将 Word 文档中的文字以 PPT 的形式图文并茂地展示出来	现场上机操作，提交 Word、Excel、PPT 文档各 1 份，能将 Word 文档、Excel 数据转换成 PPT，以图文并茂的形式展示
	人力资源配置能力	掌握目前劳动力市场动态，能够根据不同的用途，分析现有人力资源构成	提交人力资源构成分析报告
	绩效管理能力	对公司内的经理和基层员工就如何建立绩效期望进行培训，并就此提供反馈	培训记录；因培训而提升的员工不少于 2 人次
	薪酬管理能力	能够根据市场薪酬福利情况的变化，对薪酬福利体系提出修正意见，根据薪酬体系，确定新进员工以及涉及薪酬调整的人员的具体薪酬数额	提交薪酬福利体系改进方案 1 份、薪酬调整方案 1 份
	培训管理能力	组织并举办满足员工需要的培训课程，并在自己组织的培训活动中，讲授具体培训课程；能够根据标准评判每次培训的成果；作为主讲老师，能够进行培训，能将自己的经验以 PPT 或 Word 的形式讲解给同事	提交培训记录；组织培训5次以上，学员满意度80%以上；提交培训成果总结报告 3 次以上；3 项以上的建议或方案被公司采用
	成本控制能力	能够独立编制和控制本部门的人力成本和管理费用，提出成本控制的有效方案	提出的成本控制方案被总经理采纳，并在公司推行
	职业生涯规划设计能力	能够根据公司战略，指导他人制定出个人职业生涯规划	被指导人提交相关证据

144

（续表）

段位	技能项目	技能描述	达标关键点
四段	机制建设能力	能够提出重大的人力资源制度与机制建设建议和提案，对公司内部管理产生重大影响	2项以上建议或方案被公司采用
五段	人力资源战略与规划能力	能够对现有的公司战略对人力资源战略的影响进行分析，能够根据不同的用途，分析现有的人力资源构成	提交人力资源战略影响分析报告和人力资源构成方案
	人力资源配置能力	能够在面试中测试应聘者各方面的表现，能够根据人力资源规划制订人员招聘和调整计划	提交面试记录，提交人员招聘及调整计划和报告
	绩效管理能力	掌握人力资源战略与绩效管理的互动关系，能够根据目前的绩效执行情况，协助部门经理分析其绩效障碍	提交部门绩效障碍分析报告
	薪酬管理能力	根据岗位评估的结果以及外部薪酬福利的市场行情，确定薪酬体系	提交2份薪酬体系方案
	培训管理能力	为每项培训活动设计评估标准，能够根据公司未来发展要求制订培训计划；能够作为主讲老师进行培训，能将自己的经验以PPT或Word的形式讲解给同事	提交评估标准文件和培训计划方案；担任主讲老师5次以上，80%员工掌握培训内容
	职业生涯规划设计能力	能够根据公司战略开展职业生涯方面的培训	提交培训记录，在公司内培训3次以上
	机制建设能力	能够对管理制度与机制建设提出重大的指导性建议，对公司内部运营产生重大影响	3项以上建议或方案被公司采用

段位	技能项目	技能描述	达标关键点
六段	人力资源战略与规划能力	能够根据人力资源战略收集有关资料，根据既定的人力资源总体目标，编制详细的人力资源年度规划	提交人力资源年度规划详细报告
	人力资源配置能力	能够分析劳动力市场的变化趋势和现有人力资源构成情况的缺陷；根据员工或应聘者的综合表现，确定其是否符合升迁或者应聘的岗位要求	提交现有人力资源构成问题分析报告，提交员工的升迁或录用意见
	绩效管理能力	能分析现有绩效指标体系及个人绩效管理体系是否符合公司战略的要求；对部门经理在绩效问题上的处理方式进行指导和支持，并能解答经理和员工提出的问题	提交绩效指标体系分析报告1份；对其他部门提出3次以上绩效改进的有效建议
	薪酬管理能力	通过既定的薪酬模式，预估人力资源的费用	提交人力资源费用预算报告1份
	培训管理能力以及培训指导能力	能够在自己组织的培训活动中，领导大家进行讨论，并根据员工的反应，适时调整培训方式；能够作为主讲老师进行培训，能将自己的经验以PPT或Word的形式讲解给同事	培训活动记录及视频；担任主讲老师6次以上，80%员工掌握培训内容
	职业生涯规划设计能力	能够根据公司战略对职业生涯体系进行设计和优化	提交职业生涯体系设计及优化方案1份
	机制建设能力	能够对重大的管理制度与机制建设提出指导性建议，对公司内部运营产生重大影响	4项以上建议或方案被公司采用

段位	技能项目	技能描述	达标关键点
七段	人力资源战略与规划能力	能够掌握人力资源战略与公司战略的互动关系； 能够分析人力资源内外部的变化趋势； 能够根据公司需要制定人力资源战略，制订年度计划	提交人力资源战略和年度计划确定方法与大纲文件
	人力资源配置能力	能够根据人力资源规划制订人员招聘和调整计划，确定劳动力市场的分析范围及相应的方法； 确定现有人力资源构成情况及分析方法； 能够根据每个岗位职责确定人员配置标准	提交劳动力市场分析范围及分析方法报告，制定人员配置方案
	绩效管理能力	能够开发合适的绩效评估流程和方法，如团队评估、360° 反馈等	提交绩效评估流程开发方案1份
	薪酬管理能力	能够设计各层级的岗位评估体系	提交各层级岗位评估体系方案1份
	培训管理能力	建立以公司经营为目的的学习型组织； 能够作为主讲老师进行培训，能将自己的经验以 PPT 或 Word 的形式讲解给同事	参加培训的人员有2人成功升段
	职业生涯规划设计能力	能够根据公司战略指导他人制定出个人职业生涯规划	被指导人提交相关证据，人力资源部通过
	机制建设能力	能够对重大管理制度与机制建设提出指导性建议，对公司内部运营产生重大影响	5项以上建议或方案被公司采用

段位	技能项目	技能描述	达标关键点
八段	人力资源战略与规划能力	在制定公司战略时，能够确定人力资源现状及未来发展趋势对公司战略的影响，能够预见人力资源变化趋势，并评估其对人力资源战略的影响； 能够基于公司战略、人力资源现状和趋势等，设定人力资源战略目标； 能够根据人力资源战略和公司年度规划等设定人力资源年度规划目标	提交人力资源发展趋势对公司战略的影响的报告、人力资源战略目标设定方案、人力资源年度规划目标方案
	人力资源配置能力	根据现有的人力资源的实际情况，进一步发挥公司人力资源配置的效率，并针对薄弱环节，制定改善措施	提交人力资源实际情况及改善措施报告
	绩效管理能力	能够根据目前公司的整体绩效情况，协助高层管理者分析公司内的绩效障碍； 能够建立符合公司战略的公司、部门和个人绩效管理体系，并根据公司战略和实际运营情况调整绩效指标体系； 能够在公司内营造出重视绩效的氛围	提交公司绩效障碍分析报告、公司级绩效指标体系改进方案
	薪酬管理能力	能够设计符合人力资源战略的薪酬战略和体系，并将其与人力资源管理的其他模块相连接； 在公司范围内沟通并推广薪酬福利政策	提交薪酬战略和体系建设方案1份，被上下游认可
	培训管理能力	制定公司长期及年度主要培训目标，能够评估公司范围内培训工作的绩效	提交年度培训目标方案及公司培训工作绩效评估报告
	职业生涯规划设计能力	能够优化及改进职业生涯体系，能够指导他人制定出个人职业生涯规划	被指导人提交相关证据，人力资源部通过
	机制建设能力	能够对重大管理制度与机制建设提出战略性建议，对公司内部运营产生重大影响	在国内知名刊物发表有关机制建设的文章3篇以上，被他人认可

4. 职业化标准

职业化标准是企业文化在员工层面的具体表现和要求。表 7-14 是职业化标准模板。

根据各序列所包含的岗位，可以购买一份职业化标准库，从职业化标准库中选择适用标准进行补充。

以表现频度进行评价：一贯、经常、有时、很少、从不。

一贯：一向如此，从未改变，经常或反复发生的前后一致的动作或行为。

经常：表示反复性的动作或行为，次数多，但有间断。

有时：偶尔发生的动作或行为，间断时间较长。

很少：动作或行为发生次数较少。

从不：除非特殊情况，否则不会发生的动作或行为。

表 7-14　职业化标准模板

段位	项目	职业化描述	表现频度
一段			
二段			
三段			
四段			

例如，某公司的全员职业化标准为：为客户（含内部和外部）提供价值、诚信、结果导向、合作共赢。其职业化标准的描述见表 7-15。

表 7-15　某公司的职业化标准描述

级别	职业化标准描述
初级 （一、二段）	了解面对的客户（内部客户和外部客户），必要时直接向客户提问，了解客户的需求；对客户的询问、要求和抱怨，在指导下向客户提供准确、完整的答复，或将最合适解决问题的人告知客户；保持友好、热情的态度，注意观察客户是否满意，寻求使客户满意的方法，尊重并保守客户的秘密

级别	职业化标准描述
中级 （三、四段）	清楚地了解客户的需求，主动为客户提供服务内容及其他有用信息；能迅速、及时地解决客户提出的问题，当出现他人推卸责任或拖拉、拖延的情况时，立即行动，马上解决客户的问题，而不是追究责任；能就提高客户的满意度提出可行性建议，并为客户设计有针对性的服务内容
高级 （五、六段）	在了解客户的基础之上，帮助客户发现潜在的问题，挖掘客户的真实需求，并结合客户现有的产品或服务，帮助客户设计出符合其特点的产品或服务方案；了解客户业务的发展趋势，对市场上的有关服务工具、系统及作用有一定的认识；对公司内相关部门的客户服务工作进行指导和监督
专家 （七、八段）	主动介入客户决策的过程，对于客户的需要、面临的问题、潜在的机会及可能采取的行动有自己的见解和观点；结合客户需求，和客户一起研究、制定解决问题的方案；在公司内部倡导以提高内部、外部客户满意度为核心内容的工作氛围
权威 （九段）	对客户服务的发展趋势有独到的见解；充分理解各种客户服务工具或系统的作用，能选择适当的工具或系统，以提高客户单位满意度；在工作中面对内部、外部客户时，能够时刻有换位思考的态度，以公司的长期利益为出发点，为客户提供价值，或为管理层提供可行性方案以解决与顾客相关的问题；设定公司的客户服务目标，并将该目标贯彻于公司相关战略规划

5. 专业化成果/业绩成果

专业化成果是一些定量的要求，指的是达到某个级别所需要的最低专业要求，是员工的专业知识与专业技能的集中反映，指的是员工在专业方面取得的工作业绩。专业化成果主要源于三个方面：①学术成果：学术论文、出版物；②技术成果：技术专利、产品研发；③项目成果：科研项目或参与、主持项目的级别与数量。

业绩成果指的是任职者在一定周期内考核的结果，并作为级别晋升的参考数据。某公司某讲师的二级业务成果示例见表7-16。

表 7-16　某公司某讲师二级业务成果示例

级别	业绩项目	晋级要求
讲师二级	现场服务	累计在现场服务 10 次以上，由项目经理进行考核并且满意度在 90% 以上
	协助销售	巡讲成交 3 次并累计成交 20 人以上，实现首款到账
	授课	公司产品中 1 个授课模块考核通关，由高级讲师进行考核并且分数达 80 分以上（依据考核打分表）
	专业沉淀	完成标准作业流程沉淀 2 次、目前最优作业流程沉淀 1 次，由部门经理评定
	项目管理	项目操作结束后，对项目经理进行考评，至少有 4 次现场学员满意度 90% 以上，并且培训反馈表满意度 90% 以上

7.5　行政管理序列任职资格标准如何运用

　　任职资格标准在人力资源各模块——招聘与任用、培训与发展、考核与评估、薪酬与晋升中广泛运用，以保证公司战略落地，这也是人力资源工作开展的基石。

　　行政管理序列任职资格标准是招聘和任用的依据，通过对员工关键行为表现的评估，确保其具备公司所期望的专业素质；根据专业九段标准评估结果，组织培训和设计职业发展路径，从而加强公司的核心竞争力；评估员工是否达到专业九段设定的标准目标；员工的薪酬以及升职应基于专业九段评估结果。见下图 7-3。

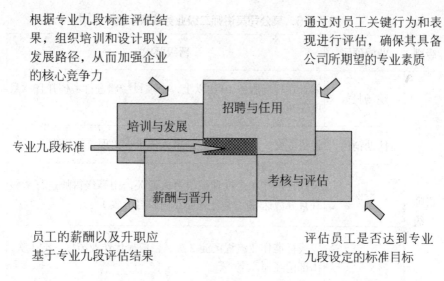

根据专业九段标准评估结果，组织培训和设计职业发展路径，从而加强企业的核心竞争力

通过对员工关键行为和表现进行评估，确保其具备公司所期望的专业素质

专业九段标准

员工的薪酬以及升职应基于专业九段评估结果

评估员工是否达到专业九段设定的标准目标

图7-3

公司通过建立专业九段任职资格体系，为员工开辟多元化的职业发展通道，在公司内部形成动态的员工职业发展机制，促进员工能力、技能、素质持续增强，从而逐步构建出公司持续发展的核心优势，提升公司的管理水平。

专业九段任职资格标准各维度的确定方式见图7-4。

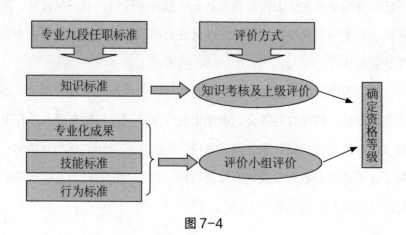

图7-4

1. 专业九段任职资格标准的应用——培训管理机制

培训的开展主要基于三个层面：①员工的任职资格晋升；②员工在绩效考核中体现出的能力短板；③公司战略及业务模式变化与要求。

培训内容由职业化培训、技能培训和知识培训这三部分组成。分专业、分层级、分内容，按照不同时间、不同形式进行培训。按照时间划分，可划分为年度培训、季度培训、月度培训。

职业化培训目的：建立起公司与员工之间的信任，培养员工对公司的忠诚度，培养员工应具备的心态。

技能培训目的：使员工掌握完成本职工作所必备的技能。

知识培训目的：使员工基本具备完成本职工作所必备的知识。

2. 专业九段任职标准的应用——晋升与职业发展

晋升通道如图 7-5 所示。随着任职能力提升而进行的职位调整如表 7-17 所示。

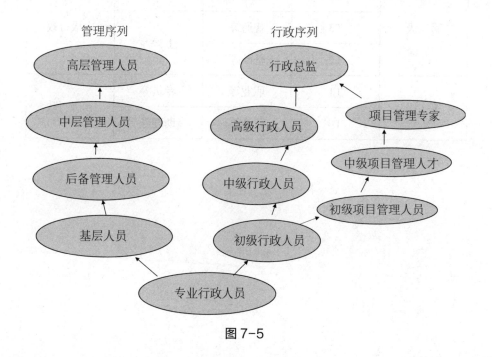

图 7-5

表 7-17 随任职能力提升而进行职位调整

职级	职等	通道		级别称谓
		行政类	管理类	
第五级	T12	权威		权威
	T11	资深专家		
第四级	T10	职业等	总监等	专家
	T9	普通等		
	T8	基础等	副总监等	
第三级	T7	职业等	经理等	高级行政
	T6	普通等		
	T5	基础等	副经理等	
第二级	T4	职业等		中级行政
	T3	普通等	主管等	
	T2	基础等		
第一级	T1	职业等	专员等	初级行政
	T0	普通等	助理等	

第八章　行政管理相关的业务流程

　　流程管理是公司高效运行的必经之路。合理的流程能起到如下作用：提高工作质量、缩短时滞、降低成本、减少纸面作业、空间需求最小化、压缩管理层、提高公司整体的应变能力，提高员工的士气。

　　流程是行政管理体系的一部分。（1）流程与部门职能之间的关系。部门职能说明了各部门涉及的主要流程（分工），业务流程说明了该项工作如何在各部门间流转（协作）。（2）流程与岗位职责之间的关系。岗位说明书说明了每个岗位要做哪些工作，业务流程则是说明某项工作涉及哪些岗位，每个岗位要做哪些动作。（3）流程与工作指导书之间的关系。业务流程和岗位职责中的每一个动作如何进行，要达到怎样的标准，由工作指导书说明。（4）流程与管理制度和考核之间的关系。对部门职能、岗位职责、业务流程、作业指引中所涉及的各项工作、各个环节如何管理、如何衡量其是否达到要求，要根据管理制度及管理标准进行检查，并根据考核结果决定奖惩。

　　行政管理类的高频率跨部门业务流程，让管理变得简单。将流程按照部门确定流程名称进行编号，示例见表8-1。目标管理流程、制度流程、接待工作流程和档案管理流程等，这几个流程属于公司级别的核心流程。

　　把流程分级，将需要跨部门协作的作为一级流程，将每个部门的核心流程作为二级流程。二级流程下需要进一步完善的作为子流程，子流程也就是三级流程，三级流程的展现形式是内部具体的工作步骤，写出来之后就叫作"工作指导书"（也叫"工作白皮书"），使员工清楚明了地知道该如何开展工作，每天、每周、每月、每年都要做哪些事情，以及如何做。

表8-1 ××电商公司关键业务流程示例

部门	流程名称	流程编号
行政	目标管理流程	XZ-1
	制度流程	XZ-2
	接待工作流程	XZ-3
	档案管理流程	XZ-4
	办公用品管理流程	XZ-5
人事	招聘管理流程	HR-1
	入职管理流程	HR-2
	离职管理流程	HR-3
	薪酬管理流程	HR-4
	薪酬核算审批流程	HR-5
	考勤管理流程	HR-6
	部门绩效考核流程	HR-7
	员工绩效考核流程	HR-8
	培训管理流程	HR-9
	内部培训实施流程	HR-10
	外部培训实施流程	HR-11

8.1 流程的作用、适用范围及逻辑关系等

1. 流程的作用

（1）对于做事情的人：知道为什么要做这件事情；了解做这件事情的价值和目的；知道这件事情从哪个环节开始，在哪个环节结束；知道可以提供哪些方面的服务；等等。（2）对于参与这个流程的部门：知道各自的责、权、利。（3）对于流程管理者：知道公司各项业务之间的相互关系（这

个流程和其他流程的关系)。(4)对于管理者和操作者：知道流程的关键点以及这些关键点应该怎么做，做到什么程度。(5)对于参与者：知道流程如何实施更有效率，比如哪些事情可以同时做，哪些事情必须先做，哪些事情必须审批，等等。

2. 确定流程的适用范围

（1）明确流程的起点和终点。(2)明确流程适合哪些类型的业务。首先对业务进行分类，然后判断哪个流程适合哪些业务类型。例如：目标管理流程适用于确定经营目标、经营计划等相关经营管理活动。

3. 确定流程之间的逻辑关系

每个流程之间的逻辑关系有以下几种：（1）先后关系，即先做什么，后做什么；(2)并列关系，即必须同时完成或者同时开展；(3)选择关系，即从多个内容中选择一个。由于每一个流程有范围的界定，当下一个流程需要连接上一个流程时，需要明确流程和流程之间的关系。

8.2　流程描述应该如何规范

1. 流程描述的意义

流程不能停留在人的头脑中，必须外化，通过书面形式进行规范，并将经验总结出来，传递下去，共享开来。

2. 如何描述流程的目的

可以从以下角度思考流程的目的：（1）思考我们的客户是谁，客户需要我们提供什么。(2)对于难以辨别客户的，需要思考流程最终的产出结果是向哪个环节提供的，该环节对本流程有什么要求。(3)思考实施一系列流程能够为公司带来什么。

3. 流程目的的描述方式

（1）及时准确地提供信息，为……业务提供参考依据。(2)管理……业务／事情，从而提升……整体水平。(3)加强……业务的管理，以降低……风险。（4）及时提供……产品／服务／数据。

示例

编制"目标管理流程"的目的：为保证战略目标能够被有效分解，并落实为行之有效的年度经营计划，同时保证公司年度经营管理工作能够按照既定计划组织实施，完成全年经营目标，实现经营管理的计划性、有效性和科学性。

4. 流程描述内容规范之一：要有修订记录

在设计流程时，首先将公司行政管理部门所有相关的业务流程按级别归类，明确流程的名称、流程的负责人所属部门以及参与流程编制的相关人员。如发生变更，还要有修订、变更记录。

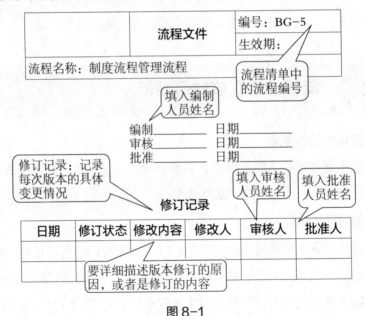

图 8-1

5. 流程描述内容规范之二：要有流程图

比如，在撰写行政管理关键核心业务流程时，我们可以用流程图的形式，详细展示各个环节的工作，且要与流程所涉及的其他部门或其他岗位的人员进行充分沟通，主要考虑以下几方面的问题。（1）角色：流程涉及哪些部门？

这些部门的工作内容是什么？（2）输入输出物：流程涉及哪些信息的传递？（3）流程的客户：流程最终是给谁用的？图8-2是某公司目标管理流程的年度目标制定阶段的关键步骤示例。其有5个泳道，涉及的部门及相关岗位一目了然（一般流程从最右侧开始，最左侧职位相对最高）。由于目标管理流程属于公司级别的一级流程，所以由总经理召集并主持会议。

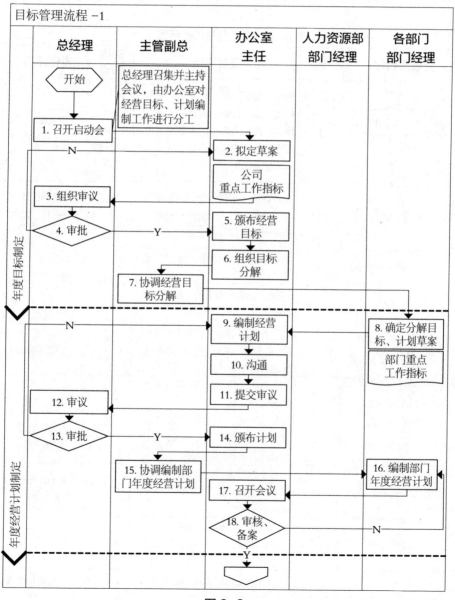

图 8-2

6. 流程描述内容规范之三：要有关键控制点工作标准

除了流程图之外，还要能够更清晰地界定每个步骤或者环节需要多长时间，需要提交什么样的文件才能使流程到达下一个环节。由于流程图中文字不能太多，需要在流程图后的表格中做详细说明，对每一个节点的任务名称、任务内容、时间节点和责任部门都做出详细描述，如表8-2所示。

表8-2　流程图对照表示例

任务名称	节点	任务说明	时间节点	责任部门
《招聘人员需求申请表》提交　任务内容	1	各部门根据年度工作发展状况和行政人事部提供的人员配置计划，核查本部门各职位的人员配置合理性，向人力资源部提交《人员需求申请表》。	每年1月初/每月25日前	用人部门部门经理
申报、审批	2—5	人力资源部招聘主管接受各部门的申请表，报人力资源部经理、行政副总、总经理审批。		人力资源部经理、行政副总、总经
制定招聘工作方案		制定招聘计划及预算，编制《招聘计划表》。	时间节点：时间要求、质量要求、成本要求	
审核	7—9	《招聘计划表》报人力资源部经理、行政副总、总经理审批。		
制定招聘工作	10—11	人力资源部招聘主管制定具体的《招聘工作方案》，由用人部门协助制定方案。		人力资源部经理
这个活动能够实现什么目的	12	人力资源部经理对《招聘工作方案》进行审核。		人力资源部招聘主管
	13	审核通过后，人力资源部招聘主管牵头组建面试工作小组，操作面试，并发布招聘信息。		人力资源部招聘主管
面试小组准备工作	14	面试小组提前召开会议，了解招聘工作方案，接受面试方法等相关培训。		人力资源部招聘主管
简历筛选	15—16	人力资源部招聘主管接收、汇总、筛选应聘者简历，确定面试人员名单，并报审。		人力资源部招聘主管
审核	17	人力资源部经理审核面试名单。		人力资源部经理

任务名称	节点	任务说明	时间节点	责任部门
通知面试	18	审核通过后，人力资源部招聘主管通知应聘者参加面试。		人力资源部招聘主管
应聘者登记	19	安排面试者填写《应聘登记表》。		人力资源部招聘主管
应聘评价工具	20	建立《应聘评价表》。		人力资源部招聘主管
面试	21	面试小组按照事先确定的工作方案进行面试。		人力资源部招聘主管面试小组
评价结果	22	面试小组在《应聘评价表》上逐项填写评价结果并最终做出聘用建议：如果建议为"不聘用"，则淘汰；如果建议为"聘用"或"暂缓聘用"，则进入最终的高层面试环节。		行政副总
复试	23	行政副总对通过面试的应聘者进行面谈，结合面试记录资料和面试小组意见，提出最终的聘用决定。		总经理
	24	对于关键岗位，由总经理进行面谈，提出最终的聘用决定。		
评价结果	25	确定聘用，则进入员工入职手续办理程序；否则淘汰，并将应聘者资料归入资料库。		人力资源部

表 8-3 是和目标管理流程图相对应的描述部分示例。需要明确每个环节的责任部门，便于日后追责和考评。流程图和流程图对照表提到的表单之类的，需要以附件的形式出现。

表 8-3　目标管理流程图相对应的描述部分示例

任务名称	节点	任务说明	时间节点	责任者
召开启动会	1	总经理召集公司高层、部门经理召开启动会，确定公司年度目标、经营计划；行政部就目标制定、计划编制等工作进行分工，落实到各部门经理	0.5 个工作日内	总经理、副总经理、办公室主任、各部门经理
目标预测，拟定目标草案	2	办公室主任组织进行公司的能力研究、市场预测工作，将公司的能力与公司的发展目标进行比较分析，并依据公司中长期规划进行目标预测；拟定年度经营目标草案，财务部、业务部、市场部、销售部等依据要求提供相关数据支持	10 个工作日内	办公室主任、各部门经理
公司目标、计划确定会议	3—5	办公室主任将目标草案报送总经理，总经理召开会议，对下年度经营目标草案进行审议；目标草案经总经理审批后生效，正式成为公司下年度经营目标，由行政部颁布实施；会议同时对下阶段目标进行分解，进一步安排计划的编制工作	2 个工作日内	总经理、副总经理、办公室主任、各部门经理
年度目标分解	6—7	办公室主任组织各部门对审批通过的年度目标进行分解；主管副总组织分管部门开展目标分解，将总体目标落实到各业务领域，形成细化的部门、业务经营目标体系，由可计量的指标构成；行政部对分解结果备案，并组织年度经营计划编制工作展开	3 个工作日内	副总经理、各部门经理、办公室主任
编制年度经营计划	8	各部门依据目标分解方案编制各业务领域、各部门的年度经营计划	3 个工作日内	各部门经理
编制草案	9—11	行政部会同财务部等相关部门根据公司发展战略、本年度经营计划执行情况及各部门经营计划建议，编制公司下一年度经营计划草案，并就草案的内容与各部门进行沟通，完成后提交总经理审批	3 个工作日内	办公室主任、财务部经理、总经理

任务名称	节点	任务说明	时间节点	责任者
召开会议	12—14	总经理召开第三次会议，审议公司年度经营计划草案；计划草案经总经理审批后正式颁布、下发；行政部就公司计划落实、部门计划完善等工作进行安排	2个工作日内	总经理、办公室主任
细化、完善年度计划	15—18	副总经理协调分管部门编制部门的年度经营计划；行政部组织经营计划落实会议，对各部门计划进行审核，通过后行政备案	3个工作日内	副总经理、各部门经理、办公室主任
落实副总经理年度绩效指标	19	总经理依据公司年度经营计划与副总经理沟通，将总体经营目标落实为副总经理的年度绩效指标	0.5个工作日内	总经理、副总经理
落实部门年度绩效指标	20	副总经理依据公司年度经营计划及各业务部门计划与分管部门负责人进行沟通，将相关目标落实为部门年度绩效指标，部门年度绩效指标自动成为各部门经理年度考核指标的组成部分	0.5个工作日内	副总经理、部门经理
审核、审批	21—23	办公室主任审核各部门绩效指标，报总经理审批；总经理审批通过后，办公室主任将绩效指标发人力资源部备案	0.5个工作日内	办公室主任、总经理、人力资源部
编制经营计划草案	24—27	行政部根据年度经营计划与上季度计划完成情况，组织编制公司季（月）度经营计划草案，财务部配合编制工作；公司月度经营计划于上月末由行政部组织编制完成	2个工作日内	办公室主任、各部门经理、副总经理
审议颁布公司经营计划	28—30	总经理召开会议，审议行政提交的季（月）度公司经营计划；计划草案经总经理审批后正式颁布、下发；行政部经理就公司计划落实、部门计划完善等工作进行安排	1个工作日内	总经理、各部门经理、办公室主任
……	……	……	……	……

1. 目的

为了公司接待工作规范有效，特制定本流程。

2. 适用范围

本流程适用于公司各部门。

3. 流程图

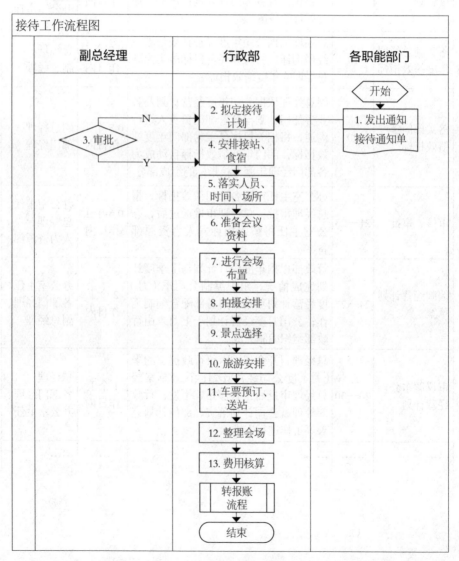

图 8-3

表 8-4　接待流程图对照表

任务名称	节点	任务说明	时间节点	责任部门
接收通知	1	各部门在接到来访预约后通知行政部	提前 0.5 天	部门经理、副总经理
计划	2	了解来宾的基本情况，拟定接待计划，确定接待标准	1 个小时内	行政专员
审批	3	副总经理审批接待计划	0.5 小时内	副总经理
安排	4	安排接站，预订宾馆，安排食宿	1 个小时内	行政专员
落实时间及场所，发出通知	5	根据来宾情况通知各参会领导及陪同人员，落实会议时间及场所	0.5 小时内	行政专员
接待	6	准备会议资料，制作会议用品；准备水果、茶水；准备欢迎牌、指示牌、会议资料	2 个小时内	行政专员
准备	7—8	悬挂条幅、摆放桌椅、布置室内；摆放茶水、水果等；安排会议中拍照、录像、记录等人员	0.5 小时内	行政专员
旅游安排	9—10	根据客户的要求选择景点，提前安排旅游用车、导游和用餐地点	1 个小时内	行政专员
返程安排	11	预订返程车票或机票，安排车辆送至指定地点	1 个小时内	行政专员
会后整理	12	整理会后资料及相关用品，清扫、整理会议室	0.5 小时内	行政专员
费用核算	13	核算费用，及时向财务部门报账	接待工作结束后 2 个工作日内	行政专员

4. 附件

《公司接待通知单》和《司机接待通知单》。

公司接待通知单

日期：　　年　月　日

接待信息					
接待时间		接待负责人／联系人		联系电话	
需出席的公司领导		陪同人员			
其他要求（如建议司机、接待车辆或其他）					
来宾信息					
来宾姓名／单位		联系人		联系电话	
来宾人数（男女）		来访事由			
接待要求					
住宿	入住酒店		就餐	费用	□公司承担 □客人自理
				标准	元／人
	房间类型	□普通间 □标准间 □豪华间	礼品安排	□是 □否	
资料准备	□是 □否	资料内容			

总经理：＿＿＿＿＿　主管副总：＿＿＿＿＿　部门经理：＿＿＿＿＿

司机接待通知单

司　机：　　　　　　　　　　　　　　　　　日期：　　年　月　日

客户姓名		联系电话		人数	
接待联系人		联系电话		接待车辆	
送达地点					
接待日期	至　　　　共　计　　　天				
备　注：					

档案管理流程图及对照表示例分别见图8-4和表8-5。

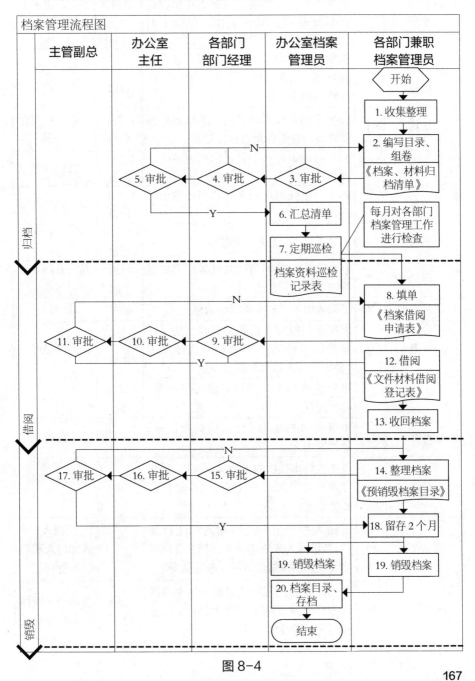

图8-4

表8-5 档案管理流程图对照表

任务名称	节点	任务说明	时间节点	责任者
日常收集整理	1	各部门兼职档案责任人员对日常文件材料进行收集整理，根据工作情况进行档案整理、组卷工作，提交上月《档案、材料归档清单》	每月5日前	各部门兼职档案管理员
编写目录，组卷	2	根据工作情况编写档案目录，进行档案整理、组卷工作，提交上月《档案、材料归档清单》	每月5日前	各部门兼职档案管理员
审核	3	办公室档案管理员依据清单核对档案文件及检查组卷是否符合要求	1个工作日	办公室档案管理员
审核	4	部门经理审批档案材料归档清单的合理性	1个工作日	部门经理
审批	5	办公室主任审批档案材料归档清单的合规性	1个工作日	办公室主任
汇总目录	6	汇总《档案、材料归档清单》	每月10日前	办公室档案管理员
巡检	7	办公室档案管理员每月对各部门档案管理工作进行检查	每月1次	办公室档案管理员
借阅申请	8	借阅人填写《档案借阅申请单》	随时	借阅人
审批	9	所在部门经理审批非密级档案的《档案借阅申请单》，并审核密级档案的《档案借阅申请单》的合理性	1个工作日	部门经理
审核	10	审核密级档案的《档案借阅申请单》的合规性	1个工作日	办公室主任
审批	11	审批密级档案的《档案借阅申请单》是否发出	1个工作日	主管副总
档案借阅	12	借阅人持审批后的《档案借阅申请单》办理档案借阅，并做好《文件材料借阅登记表》	随时	各部门兼职档案管理员
档案收回	13	借阅人在登记归还日期内归还档案（如若借阅人未归还档案，档案管理员催收档案，或催促借阅人办理延期）	1个工作日	借阅人、各部门兼职档案管理员
档案销毁	14	各部门兼职档案管理员提前1个月根据即将到保存期限、可销毁的文件整理出《预销毁档案目录》	每年12月	各部门兼职档案管理员

任务名称	节点	任务说明	时间节点	责任者
审核	15	归档部门经理审核《预销毁档案目录》的合理性	1个工作日	部门经理
审核	16	办公室主任审核《预销毁档案目录》的合规性	1个工作日	办公室主任
审批	17	审批《预销毁档案目录》是否发出	1个工作日	主管副总
留存2个月	18	《预销毁档案目录》经审批确认后在档案室留存2个月，期间无任何使用情况发生	2个月	各部门兼职档案管理员
销毁档案	19	各部门兼职档案管理员与办公室档案管理员共同销毁档案	0.5个工作日	办公室档案管理员、各部门兼职档案管理员
档案目录存档	20	《预销毁档案目录》及《已销毁档案目录》提交行政部存档	0.5个工作日	办公室档案管理员

8.5 三级流程——工作标准说明书框架结构示例

1. 日常规范

（1）出勤规定；（2）职务代替指定。

2. 计划工作和跟进

（1）年度目标确定；（2）年度预算；（3）年度计划的季度总结；（4）月度计划的实施和完善。

3. 每季工作流程

4. 每月工作流程

5. 每周工作流程

6. 日常工作

（1）投诉、重大突发事件处理；（2）制度管理工作；（3）公司文化塑造工作；（4）人员管理工作；（5）分析销售业绩；（6）客户分级管理；（7）促销活动；（8）各类文件的审批；（9）检查。

8.6 行政专员工作标准说明书（SOP）参考示例

日常规范

一、出勤规定

行政专员作息时间为：上午 8:00—11:30；下午 13:00—17:30。午休时间自由支配。

二、考勤规定

行政专员上下班实行指纹考勤，每天至少有 2 次指纹扫描记录。

行政专员如要请假，具体流程参照公司的《考勤管理制度》执行。

三、交接班规定

行政专员因公差或因请假而不能履行工作职责的，应事先确定代理人代理其工作。

四、用餐时间规定

午餐时间段为：11:30—13:00。

每日工作流程

一、上班前的准备工作

（一）仪容仪表检查

由人力资源部经理带领本部门员工进行仪容仪表检查。

（二）当日工作安排

按工作的重要性和紧急性，对照月、周计划进行安排，确保工作目标顺利完成。

	重要	不重要
紧急	1. 2. 3.	1. 2. 3.
不紧急	1. 2. 3.	1. 2. 3.

图 8-5

表 8-6　行政专员工作索引

序号	事项目录	发生频率
1	来访接待	日常
2	文件收发	随时
3	办公用品管理	每周
4	固定资产管理	每周
5	福利发放	每月
6	培训及会议的组织	日常
7	5S 管理	日常
8	组织消防、安全检查	每周
9	水电费缴纳及报销	每月

二、来访接待

外来人员来访时，通过礼貌、亲切、友善的接待工作让来访者感受到公司良好的品牌形象，令来访者留下深刻印象的同时，迅速完成来访目的。

（一）微笑迎客

当访客进入大厅，行政专员与访客目光接触时，应面露微笑（笑露八齿）。

（二）热情问候

访客走近跟前（1.5—2.5 米），行政专员主动、热情、亲切地向访客打招呼："您好，请问是来应聘的吗？"或"您好，请问需要我帮忙吗？"

（三）按访客的来访事由分类接待

1. 普通业务客户接待

亲切询问来访者是否有预约，要求来访者按表格要求做详细登记，核实身份后电话通知接待部门或接待人，确认被访人在岗及被访人愿意接待后，告知来访者在大厅等候，并征求其是否喝水。如被访人20分钟后仍未前来接待，行政专员应再次联系被访人，并向来访者表示歉意，避免冷落访客。

2. 重要客户接待

重要客户（如营销副总、总经理邀请的客户、加盟客户）或被访人要求行政专员将来访者带至工作现场的，行政专员经接待部门或接待人确认后引导来访者进入所去区域。

3. 应聘人员

确定应聘者符合应聘岗位要求后，发放《应聘人员登记表》，让应聘者填写。行政专员收到填写好后的表格后，通知人力资源部人事专员接待。

4. 来访结束

来访结束或被访人不在岗时，告知、送别来访者，并目视来访者按原线路离开。

三、文件收发

（一）接收文件

接收到外部或内部文件时，将接收时间、发送者、接收部门等信息逐一登记在文件接收和发放表中

（二）发放文件

每天分上午、下午各1次对接收到的文件按接收部门逐一发放，并由接收人签字确认。如为重要、紧急的文件，则在第一时间发送到接收部门。

四、办公用品管理

（一）办公用品采购

当公司需采购办公物品时，力求及时、准确、保质、保量完成采购任务。

1. 审核单据

（1）审核《采购申请单》是否经过总经理批准。经批准的，进行采购；未经批准的，退还给申请人，并说明原因。（2）对所采购物品加以确认，有疑问的，及时与申请部门联系。（3）对所采购的物品加以分类。如是定点采购的物品，电话通知供应商送货。如是散购的物品，急需的，优先采购；可缓的，后采购。

2. 采购要求

（1）定点采购的物品，电话通知供货商，说清物品的规格、型号、价格、数量、到货时间。当价格有变动时，如在浮动范围内，则可以送货；如超出浮动范围，则拒绝送货，另寻厂家；（2）散购物品，根据已核实无误的《采购申请单》进行采购。

3. 采购时间

（1）行政专员在收到《采购申请单》后，如无法在清单上注明的日期内完成采购，或对采购的物品有不明之处，需及时与申请人联系、沟通；（2）行政专员应在要求到位时间内完成采购工作，并及时将物品入账、入库。

4. 索取票据

（1）不论是定点采购的物品还是散购的物品，均要向供货人索取有效的票据，防止物品有质量问题时无据可循；（2）对于价格超过 300 元的物品，尽量要求供货人提供发票；低于 300 元的物品可以开收据，收据上要写上供货人的姓名、联系电话。

5. 质量要求

（1）根据申购人的申购要求，购买相应质量、数量的物品。采购时，尽量向供货人索取物品使用说明书、保修卡、认证证书等。（2）仔细核对各品种物品的质量，避免只看样品质量不看批量物品的质量。必要时要拆开外包装检查。

6.降低成本

（1）对物品分类，属于同条采购路线的物品，尽量一次性采购；属于不同采购路线的物品，合理安排路线，避免路程重复。（2）不紧急的物品或量大的物品，集中采购，降低成本。同类物品尽量在一家供应商采购，以争取更合理的价格。（3）可以不用机动车运输的物品，采用经济的运输方式，比如用自行车、三轮车等运输。货比三家，选择性价比最高的供应商进行采购。

（二）办公用品发放

为了规范办公用品的领用制度，领用物品以部门为单位，领用申请单上要有部门经理的签字才可以到行政仓库领用物品。

1.领用手续审批

审核领用人开具的《办公用品领用单》上是否有其部门经理同意领用的签字，有签字就给予领用，没有签字的退回去补签。

2.配货

（1）根据《办公用品领用单》上的物品、数量发放；（2）如果《办公用品领用单》上有不常用的物品，且是仓库里没有的，就填写《采购申请单》去采购，到货后通知其来领用；（3）当部门一次性领用的常备办公用品量大于仓库的最低库存量时，应及时采购补货，避免断货。

3.开具《领料单》

将领用的物品及数量填写在《领料单》上，同时要求领用人进一步确认并签字。

4.登账

为了方便管理，做到账实相符，要将相关资料输入电脑，以备以后查找：（1）将《入库单》上的供货方、单号、物品名称、数量、单价、金额输入电脑，并做好已输入记号（打钩）；（2）将《领料单》上的领用部门、物品名称、数量、领用人等信息输入电脑，并做好已输入记号（打钩）。

5. 更新办公用品的结存数

（1）将《入库单》上的数量输入"本月入库"一栏里；（2）将《领料单》上的数量输入"本月出库"一栏里，根据 Excel 里的计算公式进行数字更新。

6. 对办公用品（耐用品）的登记

为了更好地管控低值易耗品，节约公司成本，每个领用此类物品的人都要填表登记：（1）办公用品（耐用品）领用人个人台账登记。① 各部门领用的办公用品（耐用品），行政专员进行台账处理，负责在《办公用品（耐用品）管理台账》登记后让领用人签字。需按领用人进行登记，每人一张表，写明部门、姓名、岗位等信息。对于部门公用的办公用品（耐用品），部门负责人为责任人。② 行政专员将台账按领用人的姓名拼音排序管理。（2）移交和交还。① 每个离职的人把挂在他名下的办公用品（耐用品）移交给新来的人，如果没有新来的人接管或无人来接管，就将这些物品交还给仓库。② 在公司内部调动的人，如果离开本部门，须将其领用的此类物品移交给其他人或交还给仓库。如缺失，则由调动人员照价赔偿。（3）办公用品（耐用品）的检查。① 行政专员应每季度定期对各部门的办公用品（耐用品）进行抽查。每半年将台账数据发至各部门，由部门经理进行全面清点。在清点中如发现盘盈盘亏，须分析原因，说明情况。如发现严重短缺和损坏，应查明原因，追究责任。② 在日常使用过程中，办公用品（耐用品）如发生自然损耗而无法使用时，由使用人开具报废申请，经部门经理签字后与报废的办公用品（耐用品）一起交至行政专员，由行政专员进行报废处理。如办公用品（耐用品）丢失，一律由责任人照价赔偿。

五、固定资产管理

（一）固定资产采购申请

为了加强对固定资产合理有效的管理，防止重复采购资产，造成公司资金浪费，必须对采购申请进行审查，严格按流程采购。

1. 审核审批流程

员工因工作需要配置固定资产，向行政专员领取，必须持有有效的《办公用品领用单》或《采购申请单》，行政专员须对该表单进行效力审核。（1）领用人填写的《办公用品领用单》或《采购申请单》须写清所要申领的物品、部门、时间、联系电话及其他信息内容。（2）《办公用品领用单》分别经部门经理、人力资源部经理、营销副总、总经理审批。由总经理签字盖章后此单方有效。

2. 盘查采购

（1）行政专员拿到有效的《办公用品领用单》，首先进行核查，看该物品是否在固定资产领用范围之内；（2）若其属于固定资产领用范围内的物品，则查看仓库是否有库存。

3. 采购通知

（1）当仓库里没有申领物品的库存时，行政专员安排采购，并明确采购到位的时间，在一般情况下，2天必须到位，特殊情况需延长时间的，必须先与申请人协商，再行确定到位时间。（2）及时做好便签记录（可在采购记事本上写上申请时间、货品到位时间、物品名称、领用人及电话），以便货品到了能更及时通知申请人来领取。如遇特殊情况则通知申请人并说明原因。

（二）固定资产发放

1. 领用通知

采购的物品入库后，电话通知采购申请人带上《采购申请单》第二联亲自前来领取。如遇申请人有事不能亲自来领取时，可以由申请人写一份《工作委托单》委托他人领取。

2. 开领料单

（1）采购申请人得到通知后凭《采购申请单》第二联到行政专员处领取物品；（2）开好领料单，内容包括部门、物品名称、数量、单价及金额；（3）由领料人在单据上规范签名（委托领取的，留下《工作委托单》）。

3. 发放登记

在领料单上签字后，该资产使用人填写一份《固定资产使用登记表》，并签字确认，内容须完整体现此资产的流动去向。

4. 资产编号

所有固定资产在领出前，都要在《固定资产明细表》里进行资产编号，物品编号原则为：部门 + 资产第一个拼音 +0001，例如人力资源部办公椅的编号为 RLZYBGY0001。

5. 编固定资产卡

（1）资产编号后写上固定资产标识卡，标贴内容：资产名称、资产编号、使用单位、使用日期及责任人；（2）将写好的固定资产标识卡及时贴在物品上，贴的原则是：尽可能贴在显眼但不影响工作的地方。

6. 物品发放

（1）贴好固定资产标识卡后，告知使用人在一个时段内必须完整保存好物品的包装盒，以备因物品使用故障退还厂家时物品有完整的外包装；（2）上述手续办完后资产方可发出，留取《办公用品领用单》并整理好备查。

7. 台账建档

（1）物品被领出后，及时在电脑和手工台账做好出库库存账，与入库程序一样；（2）建立个人资产明细表；（3）个人资产明细表建好后，将其在《资产使用保管登记表》登记的内容录入电脑，内容包括：资产名称、编号、日期、数量和性能现状。

（三）固定资产转移

1. 审核转移条件

（1）员工正常辞职时，固定资产需要发生转移；（2）员工因工作需要而发生内部调动（平调、升调），资产发生变动，需要做资产转移；（3）因工作需要，部门可向其他部门转移所需要的固定资产。

2. 转移手续

（1）正常辞职人员凭签批好的《离职申请表》到行政专员处办理资产转移手续。（2）人员离职时，行政专员在电脑台账上查看离职者的个人固定资产明细，先需开具一份《固定资产使用登记表》，由离职人写上本人姓名，行政专员对资产核查无误后方能在离职单上签字，表示离职人已经完成资产转移。将资产退回仓库。

3. 修改个人明细台账

办完资产转移手续后，及时在电脑上修改固定资产个人明细，修改的内容为时间、姓名以及在备注栏内注明资产转移情况（例如：张三离职就在备注栏上写上张三转入及转入时间）。

4. 修改资产细分台账

修改个人资产台账后，还须在资产细分类台账上进行修改，细分类修改的内容和个人资产修改的一样，只是里面多了一栏转入日期。（个人资产台账是反映出某个人实际拥有哪些资产，而资产细分台账则反映一个部门拥有多少资产及某项物品已采购多少。）

5. 整理档案

（1）在电脑中修改《固定资产使用登记表》后，做个小标记，表示已在电脑中做好了修改；（2）完成以上工作后，用打孔器在单子上打两个小孔以便更好地保存。

（四）资产报废

1. 报废条件

（1）报废前的资产需经技术人员进行维修；（2）只有技术人员确定该设备到了使用期限且无法维修，方能报废。

2. 报废审批

（1）申请报废人所持《报废单》需由部门经理签字后，交行政专员；（2）行政专员审核后交人力资源部经理审批后，上呈营销副总和总经理审批。

3. 报废资产入库

（1）经总经理审批后的《报废单》须连同报废资产一起送交到仓库入库；（2）行政专员在报废物品入库后，如资产使用人需领用资产，且有库存时，则直接开《领料单》领取新的资产。

4. 台账更新

（1）新的固定资产发出后按出库手续办理；（2）新的固定资产还须在个人《固定资产登记表》上做相应的修改，修改内容为物品购入的时间、价格的变动。

5. 资料整理

（1）资产经报废后须将报废单复印 1 份送交到财务部，财务进行销账；（2）报废单按部门归类整理。

6. 资产处理

报废的资产达到一定量（以超过仓库容量的 1/6 为限）时统一由行政专员集中处理。

7. 处理程序

（1）首先由行政专员对报废的实物进行盘点，并自评处理价格，写一份《报废固定资产转让申请表》报总经理审批；（2）《报废固定资产转让申请表》审批通过后，由行政专员到外面的收购部进行处理，处理价格必须以审批单据为准，浮动价格在 10 元左右方可处理；（3）处理后的现金一律上交到财务部，相关表单经财务部盖章后，报废资产才算处理完毕。

（五）资产盘查

1. 盘查时间

固定资产盘查一般为每年的 1 月、4 月、7 月和 10 月。

2. 发放通知

行政专员在盘查的上个月 28 日前通过 OA（自动化办公系统）公布公司所有员工的《个人固定登记表》，员工核对表格内容，自查固定资产。

3. 分发表单

（1）行政专员在 OA 上下载《季度固定资产自查表》，打印 1 份；（2）通过《固定资产个人明细表》，统计出部门所需要的自查表数量，并复印；（3）在 1 月、4 月、7 月和 10 月的 5 日发放个人自查表，个人自查表必须在 7 日上交部门经理，部门经理于 10 日上交行政专员。

4. 收集核实

（1）10 日，部门经理把自查表交到行政专员处，行政专员做好催交工作。（2）行政专员对自查表和电脑台账进行一一核对。发现有资产不符的则亲自去核实。资产核实完后，将自查表用档案袋分部门保存好。

5. 资产流失处理

资产缺损如系使用年限已久自然发生，则请技术人员进行修理；如系使用保管人故意损坏造成的，则开具《工作委托单》上报财务部追究使用保管人责任，按原价赔偿。

六、福利发放

（一）福利品的采购

1. 福利品的种类，由行政专员征询各部门意见后确定，核定人数和单价后，填写《采购申请单》，依次报人力资源部经理、营销副总和总经理审批。

2. 依照审批通过的价格和人数，进行大货采购，尽量在同一商家采购，以争取更低的单价。

3. 确保福利品的质量和数量。

（二）福利品的发放

1. 发放时间一般为每月 10 日前。

2. 严格按照各部门实际人数发放，且要求各部门在领取时签字确认。

七、培训及会议的组织

培训项目和会议举行前，做好相应的物资准备，如电脑、麦克风、文件资料、饮用水等，并于会后及时整理相关物资。

八、5S 的管理

（一）5S 检查

每天对全公司各部门进行 5S 检查，对于不合格的部门，提出整改意见，并与其约定整改完成日期，一般不超过 3 天。

（二）5S 宣传与培训

利用公司内部资源，如内部刊物、网络等进行 5S 的宣传，定期举行 5S 管理内容的培训或活动，使公司整洁有序。

九、组织消防、安全检查

每周牵头组织相关负责人对公司的消防设备及安全情况进行检查和抽查。

1. 对于老化及不能使用的消防设备，及时申请更换，参照《固定资产和办公用品管理制度》。

2. 存在安全隐患的，与相关负责人沟通协商，拟定初步的改进方案，并跟进落实。

十、水电费缴纳及报销

每月 10 日前，缴纳上月水电费、电话费等费用，凭发票到公司财务进行报销，并记录存档，备查。

十一、下班前的准备工作

1. 进行清洁工作，保持工作现场整洁。

2. 下班前 10 分钟，对当日的工作进行总结：哪些工作已经完成？哪些工作虽已完成，但是可以再提高？哪些工作尚未完成，且将在后期何时完成？并对当日工作做出 A、B、C 自评分，同时安排次日的工作计划，在次日早会上陈述。

3. 整理工作现场，将资料、文件锁入文件柜中，关闭电器的电源，做好保密和安全工作。

十二、下班打卡

完成一天的工作后，在 17:30 分打卡下班。如需加班，按上班的工作流程进行。

表8-7　行政专员绩效考核表

指标名称	目标管理	权重	考核方式	考核频度	数据来源	考核人
公司消防、安全保卫工作检查的及时有效性	100%	20%	每周检查 1 次，延误或未有效发现安全隐患，扣 30 分	月度	业务运作记录	人力资源部经理
文件处理、存档的及时有效性	100%	10%	按《档案管理制度》执行文件的打印、发放、登记、存档管理。根据具体执行情况由直接上级进行评分，100 分为止	月度	业务运作记录	人力资源部经理
固定资产和办公用品管理成效	100%	20%	固定资产和办公用品建账及时有效，清查及时有效。每延误 1 天扣 10 分，出现 1 次不准确扣 10 分，未清查扣 100 分	月度	业务运作记录	人力资源部经理

指标名称	目标管理	权重	考核方式	考核频度	数据来源	考核人
公司5S管理的有效性	100%	15%	对公司5S进行检查，以改善前后的情况为依据，由直接上级评分，最高120分	月度	业务运作记录	人力资源部经理
行政采购的及时性	100%	20%	优质、低价、快速地采购公司所需物品，在规定时间内完成采购计划，每出现1次不及时扣5分，达标加4分	月度	业务运行记录	人力资源部经理
物品发放的有效性	100%	15%	物品及时发放给需求部门，且做好登记，每出现1次未有效管控，扣10分	月度	业务运行记录	人力资源部经理